한국어 교수법

한국어 교수법

김재욱 · 김지형 · 김현진 · 박동호 · 허용

형설출판사
www.hyungseul.co.kr

머리말

한국어교육이 새로운 학문으로 정착을 한 지도 상당한 시간이 흘렀고, 그 사이 눈부시게 발전을 하여 지금은 인문학에서 가장 주목을 받고 있는 학문 중의 하나가 되었다. 이것은 한국어교육에 종사하는 사람들의 입장으로서는 더 없이 기쁜 일이 아닐 수 없다.

그러나 확고하게 학문으로 정착하기 위해서는 여러 가지 일들이 필요하다. 그 중의 하나가 그 학문의 가장 중요한 핵심이 되는 영역의 교재 마련이다. 국어기본법에 정해진 5가지 영역 중 어느 하나 중요하지 않은 것이 없지만, 그래도 한국어교육의 정체성을 가장 분명하게 해 주는 것이 3영역인 한국어교육 영역이다. 그것은 3영역의 명칭에서도 드러날 뿐만 아니라, 다른 영역에 비해 교과목이 훨씬 많다는 데에서도 알 수 있다. 한국어교육에서의 3영역에 대한 비중이 이렇게 높음에도 불구하고 지금까지 이 영역에 대한 교재가 그리 많지 않았다. 이로 인해 한국어교육에 뜻을 두고 공부하려는 학습자들은 많은 어려움과 불편함을 겪어야만 했다. 이러한 것이 절대적으로 한국어교육을 가르치는 사람들의 잘못인 것은 누구나 마음 깊이 느끼는 사실이다.

제12대 국제한국어교육학회 임원들은 이러한 사실을 부끄러워하며 학습자들을 위하여, 또 새로이 한국어교육(혹은 한국어)을 가르치는 사람들을 위하여 다만 몇 권의 교재라도 만들어 보자고 뜻을 모은 것이 2년 전의 일이다. 결코 대단한 작업은 아니지만 하지 않으면 안 되는 작업이었던 관계로 의지를 모으는 데에는 그리 어려움이 없었다.

첫 번째 문제는 어떤 교과목을 교재로 펴낼 것인지에 대한 것이었다. 이에 대해 오랜 시간 생각해 보고 또 몇 번의 토론을 거치면서 가장 큰 원칙은 현재 교재로 나와 있지 않은 교과목, 그 중에서도 한국어교육에 있어 필요한 우선순위를 중심으로 교재를 편찬한다는 결정이 내려졌다. 이렇게 하여 '한국어 이해교육론, 한국어 표현교육론, 한국어 교수법, 한국어 교육과정론, 한국문화교육론'의 5개 과목을 교재로 편찬하기로 하였다. 그 다음 문제는 집필 내용과 집필진 구성이었다. 이에 대해서는 임원들 각자의 전문성과 강의 경험을 바탕으로 팀을 구성하고, 각 팀의 책임자를 중심으로 각 교재의 구성에 대해 논의하고 해당 부분의 집필자를 결정하였다. 이렇게 하여 출발한 교재집필 프로젝트는 그 후 많은 논의를 거치면서 집필과 수정을 거듭한 끝에 완성을 보게 되었다.

이 책은 한국어교육 현장에서 활용할 수 있는 교수 방법을 위해 쓴 것이다. 이와 같은 목적으로 쓰인 글들이 아주 없는 것은 아니지만, 이 책을 통해 배우게 되는 학습자들이 훗날 한국어교육의 현장에서 보다 실용적으로 사용할 수 있도록 꾸몄다는 점에서 그 나름대로의 특성을 갖는다 하겠다.

이 책의 구성은 다음과 같다.

이 책은 전체 1부와 2부로 구성되어 있다. 각 부는 각각 10장으로 구성되어 있다.

제1부는 언어 교수법에 관한 이론과 원리를 상세하게 설명하면서 동시에 한국어 교수법에 그 내용을 어떻게 적용할 수 있는지를 파악할 수 있도록 하였다. 제2부는 제1부에서 설명한 언어 교수법의 이론과 원리를 실제 교수 현장에 어떻게 적용할 것인가를 보인 것으로 구체적인 수업 교안을 제시하여 이를 통해 각각의 한국어 교수법이 어떻게 수업에 적용될 수 있는지를 이해할 수 있도록 구성하였다.

각 장의 구성 및 집필은 한국어 교수법의 이론 및 실제를 겸비한 분들이 담당하였으며, 각 장의 집필자는 다음과 같다.

▣ 제1부 한국어 교수법의 원리

1장. 문법번역식 교수법 (허용)
2장. 직접식 교수법 (박동호)
3장. 청화식 교수법 (허용)
4장. 침묵식 교수법 (박동호)
5장. 공동체 언어 학습법 (허용)
6장. 전신 반응 교수법 (박동호)
7장. 암시 교수법 (허용)
8장. 의사소통식 교수법 (박동호)
9장. 과제 중심 교수법 (허용)
10장. 내용 중심 교수법 (박동호)

▣ 제2부 한국어 교수법의 실제

1장. 문법번역식 교수법(김현진)
2장. 직접식 교수법(김지형)
3장. 청화식 교수법(김지형)
4장. 침묵식 교수법(김지형)
5장. 공동체 언어 학습법(김현진)
6장. 전신 반응 교수법(김현진)
7장. 암시 교수법(김재욱)
8장. 의사소통식 교수법(김재욱)
9장. 과제 중심 교수법(김재욱)
10장. 내용 중심 교수법(김현진)

이 책을 발간함에 있어 우리 집필진은 모두 크게 기뻐한다. 그것은 앞에서도 말한 바와 같이 현재 한국어교육은 날로 발전하고 있음에도 불구하고 그에 적합한 교재들이 없어 이 분야를 공부하는 사람들이 늘 갈급해 왔기 때문이다. 그런 후학들을 위하여 부족하지만 늦게나마 이러한 책을 편찬하게 되어 앞서서 공부한 사람들로서의 마음의 빚을 덜게 되어 참으로 다행스럽게 생각한다.

그런 다행스러움의 뒤편으로 이 책의 부족함에 대해 두려움도 갖게 된다. 그것은 우리 집필진 스스로 생각해도 보다 잘 구성할 수 있는 부분들이 여러 군데 있기 때문이다. 다만 중요한 이론과 교육현장에서 필요하다고 생각되는 것들은 빠뜨리지 않으려고 최대한 노력을 하였다. 이 책의 내용 중에 잘못된 부분은 전적으로 집필진의 책임이며, 앞으로 더 많은 연구를 통해 보완해 나갈 것이다.

이 책이 발간되는 데 도움을 주신 분들께 감사를 드린다. 무엇보다 이 책의 바탕이 되는 내용들을 앞서 연구한 여러 참고문헌의 저자들에게 감사를 드린다. 그 분들의 연구가 없었다면 이 책은 출판되기 어려웠을 것이다. 책의 성격상 일일이 참고문헌의 서지사항을 밝히지 못하고 한꺼번에 처리한 점에 대해 혜량이 있으시길 바란다. 그리고 이 책이 나오기까지 2년이란 시간을 기다려준 형설출판사의 장지익 회장님과 편집부에 감사를 드린다.

끝으로 이 책이 한국어교육의 발전에 작은 주춧돌이 되기를 바라며, 아울러 앞으로 더 좋은 책들이 나와 후학들에게 큰 도움이 될 수 있기를 바란다.

2010년 5월

집필자 일동

차 례

제1부 한국어 교수법의 원리

제1장 문법번역식 교수법(Grammar Translation Method)

제2장 직접식 교수법(Direct Method)

제3장 청화식 교수법(Audiolingual Method)

제4장 침묵식 교수법(The Silent Way)

제5장 공동체 언어 학습법 (Community Language Learning)

제6장 전신 반응 교수법(Total Physical Response)

제7장 암시 교수법(Suggestopedia)

제8장 의사소통식 교수법 (Communicative Language Teaching)

제9장 과제 중심 교수법 (Task-Based Language Teaching)

제10장 내용 중심 교수법 (Content-Based Instruction)

제2부 한국어 교수법의 실제

제1장 문법번역식 교수법(Grammer Translation Method)

제2장 직접식 교수법(Direct Method)

제3장 청화식 교수법(Audiolingual Method)

제4장 침묵식 교수법(The Silent Way)

제5장 공동체 언어 학습법 (Community language Learning)

제6장 전신 반응 교수법 (Total Physical Response)

제7장 암시 교수법(Suggestopedia)

제8장 의사소통식 교수법 (Communication Language Teaching)

제9장 과제 중심 교수법 (Task-Based Language Teaching)

제10장 내용 중심 교수법 (Content-Based Instruction)

한 · 국 · 어 · 교 · 수 · 법

제1부 한국어 교수법의 원리

제1장 문법번역식 교수법 (Grammar Translation Method)

1 개념

이성주의 시대에 지배적으로 사용되었던 문법번역식 교수법은 그 명칭에서도 알 수 있는 바와 같이 문법 학습에 초점을 두고 교재 하나를 목표어에서 모국어로 그리고 모국어에서 목표어로 상호 번역하는 연습을 주로 하는 교수법이다. 그리고 문법 규칙의 자세한 분석을 통해 정확한 문법을 학습하는 것을 목표로 삼는다.

학습한 문법 규칙은 번역 활동을 통해 단련된다. 수업 중에는 고전 문학을 읽음으로써 구문을 분석하고 익혔는데, 이것이 정신 훈련에 도움이 된다는 믿음이 뒷받침되었다. 이 교수법에서는 읽기·쓰기에 초점을 둔 번역 활동이 주된 수업이었기 때문에 말하기에는 큰 비중을 두지 않았다.

문법번역식 교수법은 교수법 중에서 가장 오래된 것으로, 많은 비판을 받았음에도 불구하고 수업 준비의 경제성·용이성 등을 이유로 현재까지도 교사 중심의 커리큘럼으로 운용되는 교실에서 사용되고 있다.

2 이론적 배경 및 역사

2.1 문법번역식 교수법의 등장

19세기 후반 어휘 및 문법 암기, 내용 번역 등에 중점을 두고 라틴어를 가르쳤던 고전적 교수법(Classic Method)이 다른 외국어 학습으로 일반화되어 문법번역식 교수법(Grammar Translation Method)으로 알려졌다.

문법번역은 처음 독일학회에서 생겼으며 미국에서 처음으로 프러시아 방법이라는 이름으로 알려졌다(Richards 1986). Rowlinson은 17~18세기의 이성의 시대 동안에 탁월했던 문법번역식 교수법을 '행동'보다는 '이성주의적 사고관'에 근거하여 논리적 사고를 강조했던 교수법이라고 하였다. 이 교수법은 19세기 독일의 Plötz에 의해 체계화되었는데 역사적으로 20세기 이전에는 이론적 연구가 뒷받침된 언어 교수방법은 거의 없었기 때문에 다른 종류의 학습과 언어 교육을 동일하게 간주하였다.

2.2 문법번역식 교수법의 등장 배경

당시 서구 사회에서의 외국어 학습이란 라틴어나 희랍어의 학습을 뜻했다. 다시 말하면, 문법번역식 교수법은 역사적으로 유럽에서 정신적 훈련 방법의 일환으로 18세기까지 서양 사회를 지배하던 라틴어와 그리스어를 가르치던 방법이 현대 외국어 교육에 적용된 것이다.

윤기옥(1974)에 의하면 당시에는 문어(written language)를 언어의 근본 형태라고 파악하였고, 언어를 논리적인 체계로 보아 언어에는 불가분의 당연한 규칙과 규범이 있다고 생각하는 규범적(prescriptive)인 언어관에 입각한 교수법을 사용하였다. 즉, 언어의 규칙을 암송하고 언어의 체계를 익힘으로써 올바른 어법을 배우게 된다는 점을 강조한다. 그리고 좋은 글을 접하면서 교양이 많은 사람들의 문법을 배움으로써 일반적인 교양을 습득할 수 있다고 보았다. 또한 모든 세련된 용법을 존중하여 정통적 규칙이나 용례를 지켜 나가려는 보수주의적인 언어의 순수성을 강조하였다.

이렇듯 고전시대와 르네상스시기처럼 논리력을 키우기 위해 라틴어를 가르치던 시대에는 의사소통과 문법 교육을 모두 강조했으나 16세기경 유럽의 헤게모니가 영어와 불어로 넘어가고 라틴어는 의사소통 도구로 적극적으로 사용되지 않아 문법만 강조하게 되었다(박경자 외 2005).

그러므로 학습 시에는 라틴어를 모국어로 번역한 내용을 크게 읽는 수준에서 말하기가 이루어졌을 뿐이었다. 따라서 수업은 주로 라틴어나 그리스어로 쓰인 고전 문학 등을 선택하여 목표어와 모국어 간의 상호 번역을 하는 수업을 하게 되었다. 수업 중에는 주로 교재의 내용을 번역하는 훈련을 하기 때문에 교재의 내용 자체보다는 제2언어를 모국어로 번역하는 데 기준이 되는 문법 규칙의 설명에 치중하였다. 이러한 방식으로 19세기까지 수업이 진행되었다(Richards & Rodgers 2001).

3 수업 적용상의 특징과 장점

3.1 문법번역식 교수법의 특징

(1) 교재와 수업방식

Ricahrds & Rodgers(2001)가 문법번역식 교수법의 전형적인 예로 든 SeidenstÜcker의 책을 살펴보면 다음과 같다. 이 교재는 크게 두 부분으로 나뉜다. 일부는 학습자들에게 특별한 규칙들을 가르치기 위해 고립된 문장들이 나열되어 있는 부분들이고, 나머지는 불어를 독일어로 번역하는 문장 그리고 독일어를 불어로 번역하는 문장을 제시하여 기계적인 번역 연습을 통해 규칙들을 적용하도록 만든 연습 문제들이다.

문법번역식 수업 방식에서 교사는 학습자들에게 동의어로 구성된 어휘 목록을 제시하고 문법 규칙을 아주 상세하게 설명하였다. 이어 Caesar, Cicero, Virgil을 하루에 2~3행씩 번역하고 몇 개씩 구를 분석하는 패러다임이 반복적으로 시행되었다(정동빈·김길수 2004). 명사, 동사, 또는 다른 품사는 어떤 전치사 다음에 오는지 성·수는 어떻게 일치해야 하는지 등의 다양한 문법적인 항목을 적용하는 특징에 대해 강조하였으나 언어에 대한 의미 있는 사용에 대해서는 전혀 강조하지 않았다.

문법번역식 교수법의 테두리에서 수업은 전적으로 모국어로 진행되고 교재의 각 장은 상당한 분량의 이중언어 어휘 목록으로 시작된다. 그리고 학습해야 할 많은 어휘들이 목록화되어 모국어와 함께 제시된다. 이때 교재에서 나온 어휘뿐만 아니라 유의어·반의어도 함께 학습하도록 하였다. 그러나 어휘를 가르칠 때에는 맥락화시킬 필요 없이 고립형으로 제시되었다. 이어 문법번역식 교재에서는 '문장'을 언어 학습과 가르침의 기본 단위로 삼아 단어를 문장으로 만드는 규칙들을 제공하였고, 문법 규칙들은 교재에서 직접 발췌하여 교재 내에서의 맥락에 맞게 제공되었다. 교사는 문법 규칙에 대해 체계적이고 조직적으로 상세하게 가르쳤다. 다시 말하면, 문법 규칙을 연역적으로 제시하여 명시적으로 가르친 후에 번역 연습을 통해 심화 학습이 될 수 있도록 하였다.

(2) 학습의 주안점

앞서 언급한 대로 수업 시간의 대부분은 내용을 목표어와 모국어로 상호 번역하는 데에 할당되었다. 당시에는 번역의 정확성이 요구되었고 공식적인 시험에 통과하기 위해서 학습자들은 높은 수준의 번역을 할 수 있어야 했다. 이렇게 하여 결국 전체 교재가 목표어에서 모국어로 번역된다. 언어소통적 측면에서의 말하기의 기능이나 발음 교육에 대해서는 거의 고려하지 않았으며 번역된 문장들을 크게 소리내어 읽는 연습이 말하기의 전부라고 해도 과언이 아니었다. 이러한 수업에서 학습자들의 자발적인 참여를 통한 창의적 결과물의 창출이란 기대하기 어려웠다. 따라서 학습자들은 말하기나 편지를 쓰는 것조차 어려워했다. 또한 문법교육식 교수법에서는 여러 가지 숙련 중에서 무엇보다도 표면적인 형태와 의미에 치중한 '이해'에 중심을 두었다. 문화적인 면이나 상황적인 것, 문맥 등을 토론하는 사람도 있었으나 그것은 오히려 잡담으로 간주되었고 또 그런 데에 경험이나 지식을 갖춘 교사도 그렇게 많지 않았다(김영기 1991:33).

Prator & Celce-Murcia(1979:3, Brown(2000) 재인용)는 문법번역식 교수법의 특징을 다음과 같이 기술하였다.

① 수업은 주로 모국어로 진행된다.
② 많은 어휘가 맥락 없이 고립된 형태로 지도된다.
③ 복잡한 문법을 길고 자세하게 설명한다.
④ 문법은 단어를 조합하는 규칙을 제공한다. 그리고 수업은 단어의 형식이나 굴절에 초점을 둔다.

⑤ 초기부터 어려운 고전의 글을 읽기 시작한다.

⑥ 교재로 사용되는 글의 내용에는 거의 관심을 두지 않으며 그 내용은 단순히 문법적인 분석의 연구 자료로 다뤄진다.

⑦ 가끔 사용되는 유일한 연습은 서로 아무런 관계가 없는 목표어로 된 개별 문장들을 모국어로 번역하는 작업이다.

⑧ 발음에는 거의 또는 전혀 관심을 두지 않는다.

정리하면, 문법번역식 교수법은 학습자의 수준을 고려하지 않고 학습 초기부터 상당한 양의 어휘와 상세한 문법 설명이 따르는 번역 수업을 한다. 전적으로 모국어에 의존하여 수업을 하게 되며 초기 단계부터 어휘와 철자를 중시한 읽기와 쓰기를 강조하고 발음을 무시하며 규칙의 암기에 의한 문법을 교수한다는 것이 이 교수법의 가장 큰 특징이다.

3.2 문법번역식 교수법의 장점

문법번역식 교수법의 장점을 정리하면 다음과 같다.

첫째, 시간의 경제성을 들 수 있다. 문법 규칙을 목표어로 설명하거나 어휘를 목표어로만 묘사하는 것은 많은 시간을 필요로 한다. 그러나 문법번역식 교수법처럼 모국어로 번역하는 것은 어휘나 문법을 가장 쉽고 빠르게 설명하는 방법이 될 수 있다. 또한 학습자들은 목표어와 모국어 사이의 유의어를 학습하는 데에 시간이 적게 걸린다.

둘째, 수업 준비가 용이하다. 모국어로 교재를 설명하기 때문에 교사는 학습자들이 내용을 제대로 이해했는지를 파악하기 쉽고 학습자들도 교사의 질문에 대답하기가 쉽다. 따라서 교사와 학습자 사이의 의사소통에 문제를 일으키지 않는다. 또한 교사가 외국어 실력에 능통하지 않더라도 수업을 할 수 있다. 이러한 수업 준비의 용이성 때문에 여전히 문법번역식 수업이 지속된다고도 볼 수 있다.

셋째, 평가와 관련된 것으로 교사들에게 특별한 전문 기술을 요구하지 않기 때문에 쉽게 문제를 출제하고 채점할 수 있다.

4 수업 적용상의 단점 및 문제점

그동안 우리나라에서도 외국어 교육을 하는 현장에서 모국어인 한국어로 해당 외국어를 가르치면서 문법과 어휘 위주의 수업을 많이 해 왔다. 이러한 문법번역식 수업은 원어민 강사를 초빙하기 어렵고 복잡한 문법을 설명할 때 교사들이 짧은 시간에 많은 학습자들을 이해시켜야 하는 우리나라의 교육 환경에 적합한 교수법이라고 판단되었다. 그러나 Rivers(1968:17)는 문법번역식 교수법에 대해 지적 수준이 높고 추상적인 추리에 흥미가 있는 학습자에게는 그 목표가 달성될 수 있었으나 그렇지 않은 학습자의 경우에는 외국어 학습의 초기 단계에 부적절한 방법이라고 지적하였다. 그 외에도 이 교수법은 다음과 같은 단점이 지적된다.

첫째, 자연스러운 언어 습득의 환경에서 보통 어린 아이는 듣기, 말하기, 읽기, 그리고 쓰기의 단계를 밟는다고 알려져 있다. 그러나 문법번역식 교수법은 학습 초기부터 어려운 교재들을 가지고 읽기부터 가르치기 때문에 자연스러운 언어 습득의 환경을 제공한다고 보기 어렵다.

둘째, 문법번역식 교수법에서는 구어적인 것은 배제되었고 학문적 소양을 키우기 위한 것만 지도되었다. 따라서 이미 의사소통 도구로서의 기능을 잃어버린 사어(死語)로서의 라틴어를 현대 언어 학습에 적용하려고 했기 때문에 말하기 기능이 결여되어 있다는 것도 중요한 문제점으로 거론된다. 즉, 이러한 방법을 통해 배운 학습자들은 외국어로 자신의 의사를 적절히 표현하는 방법을 모르게 된다. 이러한 교수법으로 외국어를 학습한 학습자들이 실제 원어민들을 만났을 때 의사소통하는 것을 부끄러워하는 광경을 자주 목격하게 된다.

셋째, 목표어를 모국어로 번역하거나 혹은 모국어를 목표어로 번역할 때, 모국어와 목표어 사이의 미묘한 차이를 정확하게 번역하기란 불가능하다. 언어는 다양한 관습과 문화 그리고 해당 언어를 사용하는 공동체가 가지고 있는 독특한 행동양식을 포함한다. 이러한 문화는 나라마다 다르기 때문에 한 언어로 다른 언어를 정확하게 번역한다는 것은 사실상 불가능하다. 한국인들의 정서 속에 녹아 있는 '정(情)'을 영어나 일본어로 표현하기란 무척 어려운 일이다. 어휘뿐만 아니라 문법 구조나 사용도 적절하게 들어맞지 않는 경우가 많이 있기 때문에 목표어를 모국어로 번역만 하는 연습을 하는 것은 적절하지 못하다.

넷째, 텍스트 중심으로 수업을 하기 때문에 학습자들은 수업 내내 많은 문법 규칙 목록과 어휘를 암기하고 수사적 표현이 많은 문학적인 산문을 완벽하게 번역해야 하는 지루한 경험을 해야 한다. 더욱이 전체 텍스트를 일대일로 번역하고 상당한 양의 어휘 목록뿐만 아니라 문법의 규칙·불규칙도 외워야 하므로 학습자들은 문법 유추, 번역, 기계적인 연습 이상의 학습 동기를 갖지 않는다.

다섯째, 패턴 연습을 할 기회를 제공하지 않는다. 언어를 습관 형성으로 보았던 청화식 교수법이라는 특정 방법을 고려하지 않더라도 언어를 학습한 후에는 어느 정도 반복적인 연습을 함으로써 학습 내용을 내재화시킬 수 있다. 그러나 문법번역식 교수법은 번역을 통해 문법의 내용을 단련시키기도 하지만 문법 규칙의 암기에만 집중할 뿐 연습을 통해서 배울 수 있는 특정 기술들을 익히기 위한 기회가 부족했다.

여섯째, 학습자들은 정답이 정해져 있는 상황에서 정답을 말해야 하기 때문에 학습자들의 창의력을 고취시킬 수 있는 활동들이 결여되어 있다. 학습자들은 교재에 따라서 엄격하게 번역만 하는 등 교실에서 수동적인 입장이 될 수밖에 없다.

일곱째, 교사의 능력에 따라 수업 자료가 선택되었고 교재 또한 가르친 경험이 없는 학자에 의해서 작성되었다. 최진황(1986)은 교과서가 방대한 단어와 과다한 문제를 포함하고 있으며 이러한 문제들은 비실용적이거나 비현실적인 내용이 많다고 지적하였다.

이처럼 문법번역식 수업은 많은 단점을 가지고 있었으나 1960년대까지 외국어 교육 현장에서 많이 사용이 되었다. 이후 Vietor, Passy, Berlitz, Jespersen 등의 학자들은 텍스트뿐만 아니라 말하기도 함께 강조된 새로운 교수법의 필요성에 대해서 주장하게 된다.

5 적용 가능 영역

5.1 절충주의적 적용

언어교수법도 시대가 요구하는 상에 따라서 변화가 생겨 수업의 패러다임이 크게 바뀌기 마련이다(Brown 2001). 최근에는 문법번역식이나 최신의 디자이너 교수법이라고 불리는 교수법까지 등장했다. 그렇지만 각각의 교수법들은 나름대로 장점과 단점을 가지고 있기 때문에 국내에 소개된 여러 가지 교수법들을 하나만 고수하지 말고 절충하여 사용하고자 하는 의견이 지배적이다. 즉, 특정한 교수법에만 의존하지 않고 수업의 목표, 학습자의 수준이나 상황에 맞춰 적절하게 절충하여 외국어를 교수해야 한다는 것이다.

그러나 선형성(1990: 117～8)에 의하면 이성주의 언어 및 언어 학습이론과 전통적인 교수법 사이의 상관관계에도 불구하고 Prator(1969)와 Diller(1971) 등은 이 절충주의식 접근법에서조차 전통적인 문법번역식의 교수에 대해서는 비판적인 입장을 고수하였다. 특히 Diller의 경우에는 이성주의 입장에서 청화식 교수법, Gouin의 시리즈 교수법(Series Method), Berlitz와 DeSauze의 직접 교수법을 검토한 후에 이 세 가지 방법의 절충 방법을 모색하였으나 문법번역식 교수법에 대해서는 잘못된 이성주의 교수법이라 혹평하여 고려의 대상에서 제외하였다.

5.2 외국어로서의 한국어 교육

선형성(1990)은 문법번역식 교수법에 대해 비판적인 외국의 입장에 반대하여 우리나라의 입장에 비추어 재차 문법번역식 교수법의 장점을 살려 교수법의 단점을 보완하고 개선해야 하는 필요성에 대해서 언급하였다. 현재 한국어 교육 기관과 같이 여러 언어권이 함께 어우러져 수업을 받는 환경에서 문법번역식 수업의 커리큘럼을 전적으로 따르는 것은 무리가 따른다. 그러나 해외에서 외국어로서 한국어 교육을 받는 학습자들을 대상으로 한 읽기 교육에서는 효용성이 있는 교수법이 될 수 있다. Diane Larsen-Freeman(1986:13)이 *Technique and Principles in Language Teaching*에서 제시한 문법번역식 수업 방식의 사례를 다음과 같이 적용하여 수업에 응용할 수 있다.

제시
(문학에서 발췌한 내용을 목표어에서 모국어로 1:1 번역)

↓

내용 이해 문제 풀이
(특정한 정보 찾기, 추론, 개인적 경험과의 관련성 등을 고려)

↓

어휘 학습 I
(유의어·반의어 찾기)

↓

어휘 학습 II
(대조언어학 측면에서 언어 간 유사성과 차이점 학습)

↓

목표 문법을 목표 언어로 연역적 설명
(문법의 규칙·불규칙을 이해하고 새로운 예에 적용)

↓

연습 문제
(특정한 문법 형태의 항목이나 새로운 단어를 사용하여 문장을 완성하기)

↓

유의적 활동
(목표어를 사용하여 주제에 맞게 작문하기)

제2장 직접식 교수법 (Direct Method)

1 개념

문법번역식 교수법에서는 목표어의 문법 학습을 통해 모국어의 문법에 더 친숙해지고 이것이 학습자들의 지적 성장을 촉진시킬 수 있다고 믿었다. 따라서 지적 훈련을 위해 학습하는 것이므로 목표어를 직접 사용하지 않아도 되었다. 이에 반해 직접식 교수법에서는 수업 중에 목표어만 사용하여 교수한다.

직접식 교수법은 기본적으로 제2언어 학습이 제1언어 학습과 유사한 과정을 따라가야 한다는 자연주의적 접근법을 견지하고 있다. 따라서 문자보다는 말을 일차적 언어 형태로 간주하며, 문법번역식 교수법의 문학적 언어가 아니라 일상적인 구어를 학습의 대상으로 삼는다. 직접식 교수법의 가장 큰 특징은 수업 시간에 모국어 번역을 하지 않는다는 것이다. 직접식 교수법이라는 명칭은 이렇듯 목표어만으로 수업하는 것과 모국어 번역을 하지 않는다는 특징에서 유래했다.

언어 교수법 또는 접근법 발달사에 있어 직접식 교수법은 문법번역식 교수법과 대조되며 19세기 중반 이후 기존의 문법번역식 교수법에 대한 비판적인 시각에서 출발했다고 할 수 있다. 당시 이전과는 다른 새로운 언어 교수 학습 방법으로 평가 받았던 직접식 교수법은, 그림이나 실제 사물의 제시, 시범과 행동을 통한 의미 전달, 질문과 대답, 문법 규칙의 귀납적 추론, 교사의 창의성 등과 같은 원리를 기본으로 한 청화식 교수법(Audiolingual Method)이 출현하기 전까지 가장 성공적인 외국어 교수법이었으며 직접식 교수법의 테두리 안에 있는 일부 방법들은 오늘날까지 수정·보완되어 오고 있다.

2 이론적 배경 및 역사

2.1 직접식 교수법의 등장

직접식 교수법을 보다 잘 이해하기 위해서는 그 이전의 교수 방법에 대해 살펴볼 필요가 있다. 고전적 교수법(Classical Method)에서 발전한 문법번역식 교수법은 엄격한 언어 구조적 지식 기반 아래 읽기와 쓰기를 위해 형태와 통사 구조를 체계적으로 이해하고 사용하는 것을 목표로 했다.

그러나 문법번역식 교수법의 단점은 학습자들로 하여금 필요 없는 규칙과 어휘를 단순히 암기하게 하고 완벽한 번역을 요구하여 외국어 학습을 지루하게 생각하고 싫어하게 만드는 것이다. Richards & Rodgers(2001:7)는 문법번역식 교수법을 이론이 없는 교수법으로 간주하면서 이에 대한 어떠한 원리나 정당성을 제시하는 문헌도 없으며 이를 언어학, 심리학, 교육 이론과 관련시키려고 시도한 것도 없다고 비판한다.

이와 같은 문법번역식 교수법에 대한 문제 제기 또는 반작용으로 19세기 중엽 몇몇 유럽 국가를 중심으로 외국어교육에 있어 개혁적이며 혁신적인 움직임이 일어나기 시작했다. 이러한 움직임의 중심에는 외국어교육의 목표가 말을 하게 하는 것이라는 것, 즉 의사소통능력의 신장이라는 실용적 욕구가 자리 잡고 있었다.

2.2 직접식 교수법의 역사적 전개 과정

직접식 교수법은 다양한 배경을 가지고 있지만 태동기, 발전기, 쇠퇴기(수정기)의 세 단계로 구분해 살펴보는 것이 이 교수법의 특징을 보다 명확하게 파악하는 데에 도움이 될 수 있다.

(1) 태동기

먼저 첫 번째 시기에 이 새로운 교수법에 특별한 관심을 보인 전문가들로는

Marcel, Prendergast, Gouin 등이 있다.

프랑스의 Marcel은 어린이 언어 학습에서의 의미 전달과 읽기 교육의 중요성을 강조하였으며 교육 이론의 틀 속에서 언어 교수를 설정하려고 하였다.

영국의 Prendergast는 어린이의 언어 발화 연구에서 어린이들이 문맥적이고 상황적인 단서를 사용한다는 것을 밝혔다. 어린이들이 말을 할 때 암기하여 알고 있는 어구나 상투적인 말을 사용한다는 점에 착안하여 가장 기본적인 문형 학습을 가능하게 하는 '구조적 교수요목(structural syllabus)'을 제시했다.

프랑스의 Gouin은 자신이 독일어를 학습하기 위해 시도한 고전적 교수법의 실패를 경험한 후, 어린이들의 자연스러운 언어 습득에 주목하고 이를 관찰하였다. Gouin은 어린이들이 자신들이 지각한 것을 개념으로 나타내기 위하여 언어를 사용한다는 점에 주목하고 시리즈 교수법(Series Method)을 고안하였다. 그에 의하면 시리즈란 '연속적인 문장'들을 가리키는데 이 '연속적인 문장'들은 지각하기 쉽다. '연속적인 문장'들은 번역이나 문법 규칙의 설명이 없이 구성된다는 점에서 '직접적'이다.

Gouin의 수업은 쉽게 이해되고 기억·회상될 수 있었으며 현실과 연결되어 있었기 때문에 성공적이었다. 다음은 Gouin 식의 외국어 첫 수업에서 교수하는 15개의 연속된 문장이다(Richards & Rodgers 2001:7~8, Brown 2001:20~21).

I walk toward the door.	I walk.
I draw near to the door.	I draw near.
I draw nearer to the door.	I draw nearer.
I get to the door.	I get to.
I stop at the door.	I stop.
I stretch out my arm.	I stretch out.
I take hold of the handle.	I take hold.
I turn the handle.	I turn.
I open the door.	I open.
I pull the door.	I pull.
The door moves.	moves.
The door turns on its hinges.	turns.

The door turns and turns.	turns.
I open the door wide.	I open.
I let go of the handle.	I let go.

전술한 연구자들은 외국어교육에 있어서 의미와 상황·문맥적 단서, 자연스러움을 강조하였는데 이러한 관점은 이전의 문법번역식 교수법과 비교해 볼 때 매우 혁신적인 것이었다. 이러한 관점은 외국어 학습의 목표가 단순한 독해와 문법 습득, 문학 감상에 있지 않다는 것을 시사한다.

(2) 발전기

태동기 주요 학자들의 생각은 아쉽게도 큰 관심을 끌지 못하였다. 그러나 이후 음성학이 확립되고 말(speech)의 중요성이 대두되면서 Sweet, Vëtor, Passy, Berlitz 등의 학자들을 통해 직접식 교수법의 틀이 잡히기 시작했다.

Sweet는 교수법 개발 원리를 논하면서 교수법 개발은 언어를 과학적으로 분석하고 심리학적으로 연구하는 데에 기초를 두어야 한다고 주장하였다. Vëtor는 말의 유형(speech pattern)을 강조하면서 교사가 과학적인 음성학 훈련을 받아야 한다고 주장했다. Passy는 1886년에 설립된 국제음성학회(The International Phonetic Association) 창립자 중의 한 사람으로 국제음성기호(International Phonetic Alphabet) 제정에 참여하였다. 국제음성학회는 언어 교수 방법의 개선을 위해 구어와 발음을 중요하게 생각했고 언어의 의미를 목표어 내에서 연상해서 가르치는 방법을 강조했다.

Berlitz는 '벌리츠 어학교(Berlitz Language School)'의 창시자이다. 그는 그가 고용한 프랑스어 교사가 번역 없이 몸짓을 사용하고 의미를 전달하기 위해 얼굴 표정과 억양을 사용하는 것에 주목했다. 아무런 번역이 없었던 수업이었는데도 학습자들은 비교적 유창하게 말을 하고 문법과 발음에서도 나무랄 데가 없었던 것이다. 이러한 경험을 바탕으로 벌리츠 교수법(Berlitz Method)이 탄생하게 된다.

Richards & Rodgers(2001:10)가 정리하고 있는 19세기 후반 개혁가들이 외국어교육에 있어 일반적으로 동의하고 있는 원칙은 다음과 같다.

① 구어가 일차적이며 구어 중심 방법론이 반드시 반영되어야 한다.
② 음성학의 연구 결과가 언어 교수와 교사 교육에 적용되어야 한다.
③ 학습자는 문자로 쓰인 형태를 보기 전에 먼저 그 언어를 들어야 한다.
④ 단어는 문장에서 제시되어야 하고 문장은 의미 있는 문맥 속에서 연습되어야 하며 분리되어 연결되지 않은 요소로 가르쳐서는 안 된다.
⑤ 문법 규칙은 문맥 안에서 문법적인 요점이 연습된 후에 가르쳐야 한다.
－문법은 귀납적으로 가르쳐야 한다.
⑥ 새로운 단어를 설명하거나 이해를 점검하기 위해 모국어를 사용하더라도 번역은 피해야 한다.

19세기 후반의 언어 교육에 대한 관점은 원리에 입각한(principled) 과학적인(scientific) 접근 방법의 추구, 자연적인(natural) 언어 학습 원리 개발로 요약될 수 있는데 자연적인 언어 학습의 원리가 주장되고 이에 맞는 교수법[1]들이 출현하는 과정에서 직접식 교수법이 등장하였다.[2]

(3) 쇠퇴기(수정기)

직접식 교수법은 20세기 초 언어교육에 직접적으로 응용되면서 전성기를 맞이했다. 특히 이 교수법은 사립학교에서 아주 성공적이었는데 사립학교에는 원어민 교사가 있었고 학습자들은 높은 동기를 갖고 있었기 때문이었다. 그러나 공립학교에서는 성공적이지 못하였는데 그 이유는 원어민 교사 또는 그들과 같은 수준의 교사를 확보할 수 없었고 습득 교실 학습 간의 차이에서 발생하는 실질적인 문제를 고려하지 못했기 때문이었다. 결국 직접식 교수법은 이러한 현실적 언어 교수의 문제와 이론적 기반의 부족으로 비판을 받게 되며 쇠퇴하기 시작한다.

이후 Jespersen, Palmer, Berlitz 등의 연구자들에 의해 직접식 교수법과 직·간접적으로 관계가 있으면서 이를 수정·보완한 교수법들이 나타나게 된다. 이와 같은 교수법으로는 벌리츠 교수법(Berlitz Method), 단계식 직접 교수법(Graded Direct Method), 구술법(Oral Method), 음성학법(Phonetic Method) 등이 있다.

---

1) Sauveur의 '자연적 교수법(Natural Method)'이 그 예이다.
2) 언어교육의 새로운 접근 방법을 지칭하기 위에 다양한 용어가 사용되었는데 가장 지속적으로 사용된 것은 '직접식 교수법'이다.

2.3 직접식 교수법 등장의 의의

전술한 직접식 교수법의 역사적 배경에서 살펴보았듯이 이 교수법은 어린이들이 모국어를 익히는 자연스러운 과정을 따라하는 자연 교수법을 원칙으로 삼으며 음성학적 체계에 기반을 두고 있다. 직접식 교수법에서는 외국어 학습을 모국어 습득과 유사한 과정으로 가정한다. 직접식 교수법에서는 문자 언어보다 음성 언어가 1차적이며 음성 체계를 과학적으로 분석·기술하려고 한다.

직접식 교수법은 비록 이론적인 기반이 약하다는 비판을 받았지만 언어의 본질과 언어 학습의 본질에 대한 비판적이고 이론적인 고찰을 가능하게 했으며 언어 학습 상황을 언어 사용의 일부분으로 간주한 첫 번째 시도였다. 또한 교사의 창의성을 요구하였으며 언어 교수를 위해 번역 외의 새로운 기법의 개발을 유도했다. 가령 모국어를 사용하지 않고 시범과 행동으로 의미를 전달하거나 문법 규칙을 귀납적으로 추론하게 하는 것 등이다. 또한 음성학적인 관점을 반영하여 소리, 특히 발음에 주의를 기울이게 하였고 단어는 그림, 행동 등을 통해 습득하게 하였으며 사람과 사물로부터 언어가 직접 연상되는 환경을 강조하는 연상주의 심리학에 학습 이론의 바탕을 두었다.

직접식 교수법에서는 목표어를 사용하는 것이 원칙이지만 오늘날 이 교수법은 모국어의 사용을 어느 정도 수용하는 절충적인 방식까지 포함하는 개념이다.

3 수업 적용상의 특징과 장점

3.1 직접식 교수법의 특징

직접식 교수법의 특징은 제2언어 학습이 제1언어 학습과 비슷해야 한다는 가정을 전제로 한 원리들이 적용된다는 것이다. 몇몇 연구자들이 검토한 직접식 교수법의 원리에 대한 요지를 살펴봄으로써 이 교수법의 특징과 장점을 정리해 보도록 한다.

Richards & Rodgers(2001:12)는 직접식 교수법의 원리를 다음과 같이 정리한다.

① 교실 지도는 모두 목표어로만 진행한다.
② 일상에서 쓰이는 어휘나 문장만을 교수한다.
③ 구어 의사소통 기술의 습득은 소규모 집중 수업의 교사와 학습자 간의 질문과 대답을 통해 그리고 면밀하게 등급화된 진도에 의해 이루어진다.
④ 문법은 귀납적으로 교수한다.
⑤ 새로운 교수 요점은 모형과 음성 언어를 통해 도입한다.
⑥ 구체적 어휘는 시범, 실물, 그림을 통해 교수하고 추상적 어휘는 개념의 연상을 통해 가르친다.
⑦ 말하기와 듣기를 모두 가르친다.
⑧ 정확한 발음과 문법을 강조한다.

Celce-Murcia(2001:6)는 이 교수법의 특징을 다음과 같이 요약한다.

① 학습자의 모국어 사용이 금지된다. 즉, 교사는 학습자들의 모국어를 알 필요가 없다.
② 수업은 일상적 회화 형식의 대화로 시작한다.
③ 의미를 명료화하기 위해 행동과 그림을 사용한다.
④ 문법은 귀납적으로 학습한다.
⑤ 문학 텍스트는 흥미 삼아 읽히고 문법적으로 분석하지 않는다.
⑥ 목표 문화 또한 귀납적으로 가르친다.
⑦ 교사는 원어민이거나 원어민 수준의 목표어 숙달도를 갖추고 있어야 한다.

전술한 여러 논의를 바탕으로 직접식 교수법의 특징을 정리하면 다음과 같다.

- 모국어를 배우는 것과 같은 방식으로 목표어 학습을 진행한다. 따라서 교실에서 교사와 학습자는 학습자의 모국어를 사용하지 않는다.
- 모국어를 사용할 수 없기 때문에 어휘 설명은 이를 명료화할 수 있는 실물, 몸짓, 표 등의 특정 도구를 사용한다.
- 어휘 설명은 개별 단어가 아닌 문장을 사용한다.
- 일상 언어의 사용이 주 목표이므로 학습이 듣기와 말하기 중심으로 이루

어진다. 그러므로 읽기와 쓰기는 듣기와 말하기에 비해 적은 비중을 차지한다. 그러나 읽기나 쓰기는 듣기, 말하기의 연습에 기반을 두고 있다.

- 말하기를 할 때 너무 천천히 말하지 말고 정상적인 속도로 자연스럽게 말한다.
- 목표어 자체가 수업의 매개어이므로 정확한 발음과 정확한 문법의 사용이 중요시된다.
- 발음이나 문법의 잘못은 바로 수정한다.
- 문법번역식 교수법과는 달리 문학 텍스트를 문법적으로 분석하지 않으며 듣기, 말하기에 기초하여 흥미 중심으로 읽는다.
- 문법은 자기가 연습한 것으로부터 귀납적으로 배우며 일상 언어의 사용이 주가 되므로 일상 회화에서 많이 사용되는 것을 다룬다.
- 학습자의 수준에 맞추어 진도를 나간다.

3.2 직접식 교수법의 장점

위와 같은 직접식 교수법의 특징은 각각 장점과 단점을 동시에 내포하고 있다. 언어 학습의 환경과 수업 원리를 고려하여 장점을 정리하면 다음과 같다.

- 목표어로만 수업하므로 목표어를 부각시키는 데 도움을 준다.
- 1차적으로 중점을 둔 듣기와 말하기를 통해 구어 의사소통 능력 향상에 도움을 준다.
- '목표어로 생각한다'는 이 교수법의 제안은 학습자의 목표어 습관 형성에 도움을 준다.
- 질문에 답하는 법과 질문을 하는 법에 익숙해질 수 있다.
- 발음을 중요하게 생각하므로 발음의 정확성을 기할 수 있다.
- 귀납적 추론은 학습자에게 도전적이며 과정 중심적인 접근을 가능하게 한다.
- 어휘는 실물, 교사의 행동이나 시범을 통해 제시되고 문법은 문맥 속에서 제시되므로 의미를 파악하는 데 도움을 주며 학습자들을 보다 실감 나는 학습 과정으로 이끌 수 있다.

4 수업 적용상의 단점 및 문제점

직접식 교수법이 갖는 환경적 단점에 대해 Brown(2001:22)은 "적은 수의 학습자들이 있는 교실, 개인별 관심, 집중적 학습을 위해 높은 비용을 지불한다면 거의 모든 '교수법'이 성공할 수 있다."라며 극단적으로 표현했다. 이는 직접식 교수법이 사립 외국어 학교에서는 성공적이었지만 공립학교에서는 성공하지 못한 이유를 설명해 준다. 또한 교수 방법론적인 면에서 근거가 부족했다는 사실을 고려하지 않더라도 직접식 교수법이 쇠퇴한 이유를 잘 설명해 준다.

직접식 교수법의 단점과 문제점을 정리하면 다음과 같다.

- 특성상 학급 규모가 크면 효율적인 수업이 어렵다.
- 수업에 원어민 또는 원어민과 같은 수준의 실력을 가진 교사가 필요하나 이와 같은 교사를 확보하기가 어렵다.
- 교사의 능력에 의존하게 되므로 교사의 기술과 개성이 교수법의 방법론보다 더 중요할 수 있다.
- 교사의 수업 부담이 많아진다.
- 새 어휘나 문법을 이해시키는 데 필요 이상의 시간이 걸리며 설명이 장황할 수 있다.
- 말하기와 듣기에 너무 치중하여 읽기와 쓰기 학습이 부족할 수 있다.
- 추상적 어휘나 개념을 다루는 데 어려움이 있다.
- 교사와 학습자 상호 간 개념에 대한 오해가 생길 수 있으며 학습자의 부담이 커진다. 또한 목표어의 의미 파악이나 문법 항목 습득에 어려움이 있기 때문에 학습자에게 좌절감을 줄 수 있다.
- 교사의 즉각적인 오류 수정은 자칫 자연스러운 의사소통 상황을 방해할 수 있다.
- 지나친 귀납적 추론은 학습자에 따라 언어 학습을 포기하게 만들 수 있다.

5 적용 가능 영역

우리는 앞에서 직접식 교수법의 개념과 역사적·이론적 배경을 살펴보고 직접식 교수법의 특징을 정리하였다. 또한 앞서 논의된 특징으로부터 언어 수업에 활용할 때 고려해야 할 교수법의 장점과 단점에 대해서도 정리해 보았다. 여기에서는 직접식 교수법을 적용한 수업에서 발견할 수 있는 일반적인 절차와 기법을 몇몇 연구자들의 실증적인 예를 통해 알아보고자 한다.

Stern(심영택 외 역 2006:487~488)이 정리한 직접식 교수법에 적용할 수 있는 기법과 절차는 다음과 같다.

텍스트를 학습자들에게 제시 (교과서에서 특별히 구성된 서술문)

↓

목표 언어로 어려운 표현을 설명 (달리 표현하기, 동의어 혹은 사물 제시하기, 문맥 등을 사용하기)

↓

교사의 질문 (텍스트의 깊은 의미를 설명하기 위해)

↓

학습자들의 텍스트 읽기 (문법 사항을 찾고 문법적 원리 발견하기)

↓

텍스트에 대한 질문과 대답하기 또는 그림에 대해 이야기하기 (많은 시간을 할애)

↓

연습 문제 (전환하기, 대치하기, 받아쓰기, 서술하기, 자유 작문하기 등)

언어 기능별 직접식 교수법의 수업 특징은 다음과 같다.

듣기

- 어휘, 문법 형태의 정확한 발음 제시
- 어휘, 문법 형태의 의미는 실물, 시범, 행동, 연상을 통해 제시
- 문법은 일상생활과 관련이 있는 것을 선정

말하기

- 교사의 제시를 듣고 학습자가 모방
- 오류가 있을 경우 즉각적으로 수정
- 제시 후 목표어로 질문하고 학습자는 목표어로 답함
- 학습자가 대답을 못하거나 어려워하는 경우 교사는 자문자답 시범을 보임

읽기

- 그날의 내용과 관련된 문장 제시(듣기와 말하기 학습이 끝난 후 시간이 있을 때)
- 상황에 따라 교사가 읽고 학습자가 따라 읽음
- 학습자는 글을 읽고 내용을 이해함
- 내용 확인을 위해 교사가 질문하고 배운 어휘와 문법을 이용하여 학습자가 답함

쓰기

- 읽은 어휘, 문법 형태, 대화문, 문장 등을 문자 그대로 다시 쓰게 함
- 읽은 내용에 대한 짧은 문장, 주제/상황에 맞는 글을 쓰게 함
- 교사가 두세 번 정도 읽고 학습자가 받아쓰기를 함
- 배운 어휘, 문법 형태를 사용하여 단락을 쓰게 함

제3장 청화식 교수법 (Audiolingual Method)

1 개념

청화식 교수법은 언어에 대해 기술적으로 접근하는 구조주의 언어학에 행동주의 심리학의 이론이 접목된 교수법이다. 청화식 교수법에서는 궁극적인 학습의 성취도를 모국어 수준의 숙달도까지 이르게 하는 것을 목표로 하였다. 따라서 이러한 언어능력을 갖기 위해서는 문법적 유형을 반복하여 사용함으로써 정확하게 발음을 하고 충분한 어휘적 지식을 갖는 것을 목표로 하였다.

문법적 설명 없이 문형 연습을 집중적으로 하게 한 기계적인 훈련은 언어 학습에 대한 습관을 길러 주고 주어진 상황에서 적절한 반응을 즉각적으로 할 수 있도록 고안되었다. 따라서 초반에는 정확성 위주의 패턴 연습을 진행하다가 점차로 유창성을 확보하는 방식으로 진행되었다. 언어의 네 가지 영역 중에서 말하기가 가장 비중 있게 다뤄졌으며 발음에 많은 중요성을 부여하고 모국어 사용을 극히 제한하였다. 그러나 청화식 수업은 지나치게 통제된 수업이기 때문에 학습자의 창의적인 언어활동의 결여 및 동기 유발의 부족 등이 문제점으로 제기되었다.

2 이론적 배경 및 역사

2.1 청화식 교수법의 등장

19세기 후반 몇몇 유럽 국가들이 문법번역식 교수법에 대해 반대함으로써 직접식 교수법(Direct Method)이 탄생하게 되었다. 특히 독일의 학자 Viëtor는 언어를 배울 때의 기본적인 요소를 문법보다는 말하기라고 보고 음성 훈련이 정확한 발음을 구사하는 데에 도움이 된다고 주장하였다. 그러나 유럽에서와 달리 미국에서는 외국어를 교육시킬 교사가 부족하였고 목표어를 구사해 보기 위해 유럽 등의 국가로 여행을 가는 것도 쉽지 않던 시기였다. 따라서 영어를 가르치던 교사들에게는 이러한 직접식 교육 방법보다 읽기에 기초를 둔 접근 방법인, 수정된 직접식 교수법(Modified Direct Method)이나 구술식 접근방법(Reading-Oral Approach)이 주류를 이루고 있었다(Darian 1972).

영국 응용언어학자들에 의하여 개발되었던 접근방법과는 달리 미국에서는 언어 내용을 체계적으로 다루려는 시도는 거의 없었고 제시 어휘나 문법은 교재 저자의 개인적인 의도에 따라서 다루어졌기 때문에 내용의 표준화는 거의 이루어지지 않았다. 학습자의 수준이나 내용에 대한 등급화(grading)도 표준화되지 않았다. 임병빈(2000)에 의하면 Palmer와 Hornby는 직접식 교수법에서 입증된 것보다 훨씬 더 과학적인 구두접근법의 기초를 개발하고자 하였다. 그 결과 언어 교육과정의 내용을 선별하고 체계화하는 일에 적용될 수 있는 원리와 절차에 관한 체계적인 연구를 하였다(Palmer 1917, 1921).

Palmer와 같은 학자들은 교수법의 설계에 있어서 어휘를 가장 중요한 측면으로 다루었다. 이러한 구두접근법은 영국의 구두식 접근법(The British Oral Approach)과 유사하나 미국은 구조주의 언어학에 이론적 기반을 두고 있다는 점에서 차이가 있었다.

미국이 세계 대전에 참여하게 된 것이 언어 교육에 큰 영향을 끼치게 된다. 학습자들이 의사소통 측면에서 여러 외국어를 능숙하게 구사할 수 있도록 훈련을 시키는 것이 목표가 되었기 때문이다. 따라서 읽기 교수법의 목표와 달리 구두 숙달도를 갖춘 인재를 양성하기 위한 교수법을 고안하기에 이른다. 우선 청화식 교수법은 미국 구조주의 학자들이 중심이 되어 미국언어학회(Linguistic Society of America)를 조직하면서 시작되었다.

2.2 청화식 교수법의 이론적 배경

(1) 구조주의 언어학

구조주의 언어학은 새로 접하는 언어들에 대한 자료를 수집하고 객관적으로 분석을 할 수 있는 연구 방법을 사용했다. 이러한 구조주의 언어학에 기반을 둔 언어 교육은 대조분석을 통해 음소로부터 시작하였다. 구조주의 언어학에서는 구두로 말하는 연습이 가장 먼저 선행되어야 할 것이며 나머지의 언어 기능적 측면에서는 부차적인 것으로 간주되었다. 이는 기존에 읽기와 쓰기 위주로 수업이 되었던 것과는 대조적이다. 직접식 교수법과 마찬가지로 청화식 교수법은 모국어로 번역하지 않고 직접 제2언어로 교수하며 어휘보다는 문법의 사용에 중점을 두어 가르쳤다.

1939년 미국의 미시간 대학교(University of Michigan) 영어 언어 연구소 소장이었던 Fries는 구조주의 방식으로 8주간의 언어 집중 프로그램을 개설하였다. 이 프로그램은 Michigan Method 혹은 Fries Method라고도 불렸다(박경자 외 2005). Fries는 구조언어학의 시조인 예일 대학교의 Bloomfield[1]의 뒤를 이어 외국어 교수법에 큰 영향을 주었다. 그는 모국어와 목표어 사이의 유사성은 언어 학습에 유리하게 작용하지만 두 언어 간의 차이점이 발화의 오류를 내는 강력한 원인으로 보았다. 따라서 두 언어를 대조분석하여 봄으로써 학습자들의 어려움을 사전에 예측하여 교재에 반영하고자 하였다. 따라서 미국의 언어학자들은 두 언어 사이의 체계적인 차이점에 대한 연구를 수행하였다. 이러한 접근 방법은 구두접근법(Oral Approach, Aural-Oral Approach), 구조적 접근법(Structural Approach)으로 알려졌다.

Fries는 언어 구조나 문법을 가장 먼저 습득하는 것이 중요하다고 생각하였다. 따라서 학습자들에게는 가능한 한 많은 반복 연습을 할 만한 어휘가 제공되었다. 또한 그는 다음과 같이 3개의 교수 원칙을 제시하였다.

첫째, 언어 교육은 그 언어의 기술에 입각하되 실제로 쓰이는 언어를 가르쳐야

1) 대조분석적 연구를 한 Bloomfield는 언어학자나 인류학자들에게 미국식 인디안 언어나 그들이 연구하는 언어들의 습득에 대한 정보 제공을 목적으로 하는 언어적 연구의 일부로 언어 교육 프로그램을 개발한 상태였다.

한다.

둘째, 언어교육 방법은 교육학적(pedagogical)이고 과학적(scientific)이어야 한다.

셋째, 특히 초기에는 '공부(study)'가 아닌 '학습(learning)'에 입각해야 한다.

그는 연습은 반드시 구두로 하되 궁극적인 학습의 목적이 읽기라고 하더라도 제한된 수의 어휘로 하는 음성조직과 구문 연습은 구두로 해야 한다고 주장하였다. 그리고 'The speech is the language'이며 문자로 쓴 것은 언어의 부차적인 표현 기능에 불과하다고 하였다. 또한 그는 듣기와 말하기가 잘 되면 읽기와 쓰기도 효과적으로 학습될 수 있다고 보았다(윤기옥 1974:90에서 재인용).

이 원칙은 최근의 의사소통 능력을 기르는 것을 목표로 하는 언어 교육 방법에 부합하는 것이다. 1차적으로 구어를 강조하는 청화식 교수법에서의 수업 자료는 학습자의 연령이나 언어 사용 환경을 고려하였으며 모국어 학습자들이 실제 생활에서 사용하는 구어체를 선택하였다. 이러한 구조주의식 언어학은 언어 자체에 관련된 이론일 뿐 언어 교수에 직접적으로 활용할 수 있는 방안은 아니었다.

(2) 행동주의 심리학

Fries는 언어의 여러 기능 중에서 특히 말하기에 초점을 두었다. 그는 구조주의 언어학을 통해 말하기를 가르치는 것이 과학적이라고 여겼다. 그러나 실질적으로 Fries의 업적에는 명백한 교육적 지침이 포함되어 있지 않아 교육학에 대한 고려는 미미하였다.

때맞춰 당시 미국 심리학계에서는 행동주의 심리학을 연구하는 심리학자들의 언어 학습에 대한 연구가 성행하여 Skinner가 개발한 행동주의적 심리학이 이 교수법에 도입된다. 이들에게 학습이란 어떠한 행동을 유도하게 하는 자극(stimulus)과 반응(response), 그리고 긍정적인 반응을 보일 때 행동을 격려하여 강화(reinforcement)하고 부적절한 반응이 나타났을 때 다시는 나타나지 못하도록 억압(suppression)을 시키는 이 세 가지가 가장 중요하고 필요한 요인으로 간주되었다.

경험주의에 바탕을 둔 행동주의 심리학자들은 사람은 백지 상태(tabula rasa)로 태어나 주어진 자극에 대한 반응 그리고 강화의 반복을 통해 습관이 형성됨으로써 언어를 습득할 수 있다고 보았다. 행동은 자극에 대한 일련의 반응으로 이루어지며 따라서 제2언어 습득은 의식 없는 조건화(mindless conditioning)로 이루어진다고 주장하였다. 즉, 하나의 특정한 반응이 강화가 되면 이것이 습관화가 된다. 결과가 긍정적인 강화인 보상을 받을 때는 행동이 유지가 되고 그렇지 않은 경우에 그 행동은 약화되거나 점차 사라지게 된다.

학습자들이 목표어의 모국어 화자의 말을 지속적으로 듣고 반복하다가 보면 자동적으로 모국어 사용자들처럼 말을 하게 되고 이때 학습하게 된 구문들은 다른 단어나 문법으로 전이가 일어나 다른 문법을 학습할 수 있게 하도록 하였다. 학습자들이 정확하게 반응을 하는 빈도가 높아질수록 다시 긍정적인 다음의 반응을 이끌어내어 긍정적인 학습 효과가 있기 때문에 교사는 학습자의 잘못을 고쳐주거나 벌하기보다는 학습자 스스로 정확한 발화를 할 수 있도록 유도한다. 패턴 연습, 대화문의 암기 등도 이러한 내용을 근거로 한 것이다.

당시 언어 학습의 슬로건 중의 하나로 "Teach the language, not about the language."라는 말이 유행하였는데 단순히 말하자면 문법을 가르치지 말라는 것이었다(Strevens 1977:5~6). 어린이들이 모국어를 학습할 때와 동일한 수순을 갖는다고 보았던 것이다. 따라서 모국어의 습득 때처럼 우선 듣고 말하는 연습을 한 후에 읽기 연습에 들어갔다.

(3) 미국의 군전용 프로그램

Richards & Rodgers(2001)에 의하면 55개의 대학들이 참여하여 제2언어 교수를 위해 의사소통을 목적으로 만든 1942년 군 전용 프로그램인 Army Specialized Training Program(ASTP)도 있었다. 이 프로그램은 2년 정도밖에 유지가 안 되었지만 학계와 출판계에서 주목을 받았다. 그 후 10년 동안 군대식 교육(Army Method)의 효용성에 대한 논의가 지속되었다. 언어 교육 자체에 뜻을 두고 만들었던 프로그램이 아니었기 때문에 이론적인 토대가 결여되어 있었으나 언어학자들은 외국어를 학습하는 데 있어서 이러한 구두식 접근 방법과 강도 높은 훈련의 중요성에 대한 확신을 갖게 되었다. 따라서 대화문을 암송하거나 오류를 최소화하기 위한 패턴 연습을 주로 하였다. 적절하지 못한 반응은 반드시 제거되어야 하는 요인이기 때문에 오류를 사전에 근절시키도록 하였다.

이렇게 언어와 언어 학습에 대한 본성에 대한 이론을 바탕으로 청화식 교수법을 옹호하는 언어학자들은 언어 교수 과목과 교재들을 디자인하기 시작하였다. 이

기간 동안 언어학자와 응용언어학자들이 외국어로서의 영어 교수에 참여하는 숫자가 증가하고 영어가 국제적인 언어로서 위상이 높아지면서 영어 전문 교육이 필요하게 되었다. 이러한 요구들이 ESL의 미국식 접근 방법을 등장하게 했고 1950년대 중반까지의 청화식 교수법이 되었다.

청화식 교수법의 등장은 당시까지 계속되던 읽기 방법(Reading Method)식으로 수업을 진행해 오던 1950년대 후반에 높은 반향을 불러일으켰다. 언어 교육 전문가들은 미국의 교육 실정에 맞는 교수법을 개발하기 시작하였고, 구조주의 언어학의 대조분석, 구두청각 과정 그리고 행동주의 심리학을 바탕으로 청화식 교수법(Audiolingual Method)이 완성되었다.

3 수업 적용상의 특징과 장점

3.1 청화식 교수법의 특징

(1) 교수목표와 지향점

애초부터 청화식 교수법은 즉각적이고 정확한 말하기를 구사하는 데에 목표를 두었으므로, 구두 접근법에 이론적 근거를 두고 있는 청화식 교수 방법이 사용되는 수업에는 강도 높은 구두 연습이 계속되었다. 가능한 한 모국어의 사용은 자제하고 목표어로 수업을 진행하게 하였다.

언어의 단어가 갖는 의미들은 고립되지 않은 형태로 언어적, 문화적 문맥의 흐름 속에서만 배울 수 있다고 보았다. 따라서 언어 교수는 목표어를 말하는 사람들의 문화적 체계의 단면들도 함께 가르치는 것을 목표로 하였다. 언어 기능을 듣기, 말하기, 읽기와 쓰기 순서로 교육하는데 듣기는 말소리를 청각적으로 구분하는지에 대한 지각 훈련으로 시작하여 점차 구술로 표현하는 연습을 한다. 초급 학습자들에게 다른 언어적 기능들은 요구하지 않는다. 읽기와 쓰기 수업을 할 때에도 이미 구두로 학습했던 내용들을 정확하게 표현하여 구사할 수 있도록 훈련을 받는다. 이때에도 역시 구조주의식 접근 방법을 활용하여 부적절한 언어의 사용이 강화되지 않도록 한다. 소수의 학습자들로 구성된 수업이 바람직하지만 현실적인 상황을 고려할 때 더 많은 숫자의 학습자들로 이루어진 수업이 많았다.

(2) 수업 절차

수업에서는 주로 다음과 같은 절차상의 특징이 눈에 띈다.

첫째, 수업 시간에 사용하게 될 자료는 교사가 선정하고 학습 초기에는 듣고 따라하며 대답하는 연습을 위주로 수업이 진행되기 때문에 문자화된 텍스트를 활용하지 않는 경우가 많다. 듣는 내용에 집중하지 못하고 글로 쓰인 문자에 시선을 빼앗겨 듣기에 집중하지 못하는 것을 막기 위함이었다. 그러나 내용의 연습과 훈련을 하는 데에 필요한 자료는 쓰일 수 있다.

둘째, 학습자들은 우선 수업의 목표가 되는 주요 구조를 포함한 대화문을 듣는다. 대화문은 교사가 직접 읽거나 테이프를 틀어 놓는 방법이 있다. 대화문의 문장을 하나씩 반복하여 들려주되 개인적으로도 읽고 단체로 읽는 연습을 한다. 이 때 반은 화자의 역할을, 반은 청자의 역할을 맡아서 읽는 방법도 있다. 교사는 발음, 억양, 그리고 유창성에 관심을 두고 학습자가 발음이나 문법을 실수했을 때에는 직접적이고 즉각적으로 수정을 한다. 학습자들은 대화문을 한 줄씩 암기해 나간다. 문장은 필요에 따라 여러 구로 나눌 수도 있다. 이 단계에서는 책을 보지 않는다. 녹음기와 시청각 자료가 많이 쓰이는데 특히 교사가 원어민이 아닌 경우에는 필수적인 자료로 사용된다. 어학 실습실에서의 추가적인 반복 연습을 통해 오류가 없는 훈련을 할 수 있는 기회를 준다. 듣기 연습을 시작으로 학습자들은 대화의 내용을 한 줄씩 따라하는 반복 연습을 하고 더 나아가 유창성을 확보하기 위해 문법과 발음을 익힌다. 규칙의 설명은 학습자들이 여러 문맥을 통한 패턴 연습을 다 할 때까지는 하지 않았다. 따라서 문법은 귀납적으로 가르쳤다.

셋째, 기본 문형의 습득은 학습자들이 기계적으로 반복할 수 있는 연습을 통해 암기함으로써 이루어진다. 이러한 구문의 형태 연습이 효과적으로 이루어지기 위해서는 학습의 진행 속도와 내용의 구성이 체계적으로 이루어져야 한다. 초기 단계에서는 활용성이 많고 오류를 범할 가능성이 적은 구문을 선택하고 어휘나 문법 사항들이 적은 표현에서 시작하여 단계적으로 학습의 수준을 복잡한 내용으로 끌어올린다. 교사들은 새로운 단어들을 제시하여 학습자들이 똑같은 구조에서도 새로 배운 단어들을 반복하여 연습함으로써 명시적인 문법적 설명 없이도 형태를 암기함으로써 학습자들이 자발적으로 사용할 수 있을 때까지 연습을 하였고 이렇게 함으로써 모든 학습이 잘 이루어질 수 있다고 보았다. 또한 교재에 나온 대화문은 학습자들의 관심이나 수준에 따라 특정 단어나 구를 변화시켜 각색된다. 대화문에서 발췌한 주요 구조들은 다른 종류의 패턴 연습을 위해 사용된다. 초반에는 단체로 연습을 함께하다가 개인적으로 진행한다. 때로는 이 단계에서 문법적인 설명이 곁들여질 수도 있지만 가급적 최소화하는 것으로 한다. 대화식으로 구성된 텍스트를 반복적으로 읽으면서 정확한 분절음과 초분절음을 학습하고 대화 속의 문법적 패턴들을 유형화하여 구조적으로 설명을 한 후 다양한 종류의 훈련과 문형 연습을 하게 된다.

넷째, 대화문을 바탕으로 한 관련 글의 읽기, 쓰기, 혹은 어휘 학습 활동을 하게 된다. 초급에서는 순수하게 모방적 글쓰기의 형태나 그들이 연습한 문장들을 베껴 쓰는 수준 정도의 글쓰기를 한다. 언어 숙달도가 향상이 되면 주어진 주제에 대해 짧은 글을 쓰거나 이미 학습한 다양한 구조적 요소들을 쓸 수도 있다.

다섯째, 후속 활동으로 어학 실습실에서 심화된 대화문이나 문형 연습을 할 수도 있다. 이때, 교사들은 특정한 대답을 요구하는 질문을 제시하고 학습자들이 부정적인 피드백을 받을 것 같은 유형들은 제시하지 않는다.

(3) Brown의 정리

Prator & Murcia가 제시한 청화식 교수법의 특징을 Brown(2001:86)은 다음과 같이 12가지로 요약하였다.

① New material is presented in dialog form : 항상 대화문을 제시함으로써 수업을 시작한다. 학습자들에게 가르쳐야 할 문법이나 발음, 어휘 등을 포함하는 대화문을 적절하게 구성하여 학습자들에게 제시한 후 다양한 연습을 통하여 습득하도록 한다.

② There is dependence on mimicry, memorization of set phrases, and overlearning : 행동주의 심리학에 따라 학습 사항을 수많은 반복과 모방에 의해 암기할 것을 강조하며, 그렇게 되면 학습자들은 습관 형성의 과정처럼

그 학습 내용을 완전히 체득하게 된다.

③ Structures are sequenced by means of contrastive analysis and taught one at a time : 중요한 언어학적 바탕을 이루는 대조분석으로 모국어와 목표어 간의 차이점에 의하여 학습 내용의 난이도가 결정되면, 난이도에 따라 쉬운 것부터 어려운 것까지 한 가지씩 연습을 통하여 학습이 이루어진다.

④ Structural patterns are taught using repetitive drills : 행동주의 이론에 따라 반복적인 연습을 강조하며 앞에서 살펴본 대체 연습이나 형태 변형 연습 등에 의하여 대화문 속에 제시된 구문을 충분히 연습을 하여 익히게 되는 것이다.

⑤ There is little or no grammatical explanation: grammar is taught by inductive analogy rather than deductive explanation : 목표어의 구문 습득을 강조하기는 하지만 습득 방법에 있어서는 귀납적인 방법을 사용한다. 즉, 명시적인 문법 설명을 뒤로 미루고, 여러 가지 기계적인 연습에 의하여 구문을 익힘으로써 문법을 습득하게 한다.

⑥ Vocabulary is strictly limited and learned in context : 학습자들이 배워야 할 어휘는 교사가 미리 엄격하게 선택을 하고 어휘는 대화문 속에 넣어 제시한다.

⑦ There is much use of tapes, language labs, and visual aids : 원어민 화자 수준의 발음과 구문의 습득을 목표로 하여 끊임없이 반복 연습을 하고 학습자들에게 녹음테이프와 비디오테이프, 그리고 어학 실습실에서의 반복적 듣기, 말하기 연습을 통하여 목표 언어의 구조를 습득하게 한다.

⑧ Great importance is attached to pronunciation : 원어민과 같은 수준의 발음 습득을 목표로 한다. 따라서 대조분석에 입각하여 학습자들이 어렵게 느낄 만한 발음을 선택하여 집중적으로 연습을 시킬 것을 강조한다. 이 경우, 앞에서 언급한 최소대립쌍 연습을 통하여 정확한 발음의 습득을 이끌게 된다.

⑨ Very little use of the mother tongue by teachers is permitted : 교실 수업은 가능하면 목표어를 사용한다. 따라서 교사의 발음이나 실력도 거의

원어민의 수준에 이르러야 한다. 그러나 사실 EFL 상황에서는 이와 같은 교사의 확보가 어려운 관계로 많은 교실 현장에서는 실제 원어민의 대화를 담은 녹음 테이프 등 교육 보조 자료를 이용한 수업을 강조하기도 한다.

⑩ Successful responses are immediately reinforced : 행동주의 원리에 입각한 교수 방법론이므로 학습자들이 보이는 반응에 대한 교사의 강화 작용이 반드시 필요하다. 즉, 학습자들이 올바른 응답을 보이거나, 정확한 발음을 만들어내면 "Good job.", "Very well." 등의 칭찬이 따라야 학습자들은 자신의 발음이나 발화에 대한 확신을 갖고 쉽게 습득이 이루어진다.

⑪ There is a great effort to get students to produce error-free utterances : 문법이나 발음에 있어서의 정확성을 강조한다. 즉, 원어민 화자 수준의 발음과 문법 지식을 요구하며, 학습자들이 오류를 저질렀을 경우에는 즉각적으로 그것을 수정하여 올바른 문법이나 발음을 습득하도록 해야 한다.

⑫ There is a tendency to manipulate language and disregard content : 모방과 반복에 의해 하나하나의 구문 습득에 초점을 두는 교수법으로, 그 문장이 사용되는 상황이나 전체적인 맥락의 연결 등은 주 관심 대상이 아니다. 비록 대화문으로 상황이 주어지는 듯하나 대화문은 문형이나 어휘 제시의 수단이지 결코 상황에 초점을 맞추어서 수업을 하지는 않는다.

3.2 청화식 교수법의 장점

청화식 교수법은 다음과 같은 장점이 있다. 첫째, 수업 시에 사용되는 대화문은 기본 구조를 문맥상에서 사용할 수 있도록 하기 때문에 학습자들이 단순한 암기에서 벗어나 수업 내용을 유추하여 문법을 형성할 수 있도록 인지적 과정을 도울 수 있다. 둘째, 목표어의 어휘 자체뿐만 아니라 문화적인 내용까지도 함께 학습할 수 있도록 하였다. 셋째, 이 교수법은 어학 실습실이나 시청각 자료실을 최대한 활용하여 비교적 짧은 시간 동안 회화적 기능을 익힐 수 있다. 넷째, 기존의 교수법과는 달리 학습을 해야 할 목표와 구조가 대조분석적인 방법을 통하여 체계적으로 도입이 되고, 연습을 통해서 철저하게 목표어가 입에 붙도록 하기 때문에 학습하는 내용에 대한 발화의 오류를 줄일 수 있다는 장점이 있다.

4 수업 적용상의 단점 및 문제점

일반적으로 청화식 교수법은 다음과 같은 문제점이 지적된다.

첫째, 교사가 모델로 제시한 대화문의 구조에 대한 암기 자체가 실제 상황에서의 적응 능력으로 이어지지 못하는 경우가 발생하였다. Tucker(1977)에 의하면 청화식 교수법은 외국어 교수뿐만 아니라 일반 공립학교에서도 사용되었다. 그러나 기계적인 반복 연습을 통한 이러한 학습 방법이 실제 의사소통 상황에서는 도움이 되지 않는다고 주장하였다. 그는 캐나다 퀘벡주에서 영어를 모국어로 하는 어린이들이 12년 동안 불어를 학습하고도 제대로 회화 능력을 구사할 수 없음을 지적하였다. 이러한 경우를 막기 위해서는 문장 전체를 구성하는 성분들 사이의 관계에 대한 충분한 이해를 시키는 것이 중요하다.

둘째, 청화식 교수법의 사용을 위한 교사 훈련이 충분히 이루어지지 않아 효과적인 기술들을 제공하지 못했다. 따라서 교사가 대조분석에 의한 철저한 음성 지도의 실력을 갖추기가 어렵고 교실에서 모국어 제공자와 언어학자에 의한 지도를 필요로 하였다.

셋째, 특히 초급의 단계에서는 문법 구조에 대한 설명을 극히 자제하고 형태를 통한 유추의 과정을 통해 문법을 귀납적으로 설명하기 때문에 학습자들이 내용에 대한 완벽한 이해가 없이 단순한 문형 연습과 암기로 이어져 바른 언어의 사용을 유도하지 못할 수도 있다는 단점이 있다. 모든 과정이 귀납적으로만 설명된다면 학습자들이 잘못된 추론을 하여 상황을 파악하지 못하는 어려움을 겪게 될 수도 있다.

넷째, 청화식 교수법을 통한 학습 경험이 지루하고 만족스럽지 못하다는 지적을 받았다. 기계적인 반복 훈련과 과잉 반복 연습은 학습자의 흥미를 저하시킬 수 있으며 특히 상급 학습자들에게는 적절한 동기를 유발시키기 어렵다는 단점이 있다. 어느 정도 내용이 각색이 되는 경우도 있지만 학습의 내용 또한 교사 주도적으로 결정되기 때문에 창의적으로 자신의 생각을 표현하고자 하는 학습자들에게는 적합하지 않은 교수법이라고 할 수 있다. 따라서 교사는 다양한 연습 활동을 준비하는 것이 좋다.

다섯째, 행동주의식 행동이론에 따라 긍정적인 행동을 강화하기 위해 보상이 따르지만 오류에 대해서는 화석화의 우려를 고려하여 즉각적인 오류 수정을 하게 된다. 이러한 방법이 오히려 학습자들의 정서적인 측면에서는 덜 효과적일 수 있다. 또한 학습자의 발화 오류는 교사로부터 직접적이고 즉각적인 피드백을 받기 때문에 화자로서의 자신이 실제 의사소통 상황에서 자신의 발화를 모니터할 충분한 연습이 되지 않는다.

여섯째, 청화식 교수법에서는 모국어의 사용을 금지시켰는데 모국어로의 번역이 외국어 학습에 나쁜 영향만을 주는 것은 아니다. 수업 시간 외에 복잡한 문법의 설명을 돕기 위해서 학습자들 사이에서 모국어 사용을 금지할 필요는 없다.

일곱째, 학습자 자신의 내적인 요소보다는 환경에 의해서 언어 학습의 행동이 습관화되도록 학습자들은 잘 짜인 훈련 기술들을 통하여 정확하게 발화를 할 수 있도록 훈련을 받는다. 따라서 학습자들은 내용과 속도, 학습의 스타일에 대한 조절 능력을 키우지 못하고 자극에 반응하도록 유도되었다. 즉, 학습에 대한 통제력을 갖기 어려웠다. 또한 상호작용이 오류를 만들어 낼 수도 있기 때문에 상호작용의 측면을 장려하지는 않았다는 단점이 있다.

5 적용 가능 영역

5.1 단점을 보완한 교수 방법

청화식 교수법의 영향은 오랫동안 지속되고 EFL/ESL의 교과서와 교육 과정 설계의 뼈대가 되었다. 청화식 교수법은 초급 학습자의 말하기에서 적용될 수 있다. 특히, 발음은 모국어에서의 간섭 현상이 두드러지게 나타나는 부분이고 오랜 시간에 걸쳐 사용할 경우에 화석화되기도 쉽다. 따라서 학습 초기에 정확한 음운의 발음을 위해 청화식 교수법이 사용될 수 있다.

지금까지 청화식 교수법의 장·단점을 비롯하여 수업에 응용할 수 있는 수업 원리들에 대해서 살펴보았다. 1960년대 후반에 들어서면서 MIT의 언어학자인

Chomsky의 생성주의 이론의 등장으로 청화식 교수법은 쇠퇴의 길을 걸었지만 청각구두 교수법을 토대로 쓰인 교재들은 여전히 활용되고 있다. 다시 말해, 청화식 교수법 자체에서 제기되는 여러 문제점들이 있지만 다음과 같은 개선의 여지가 있는 부분들은 다시 한 번 생각해 볼 필요가 있다.

Mowrer(1960, 노대규 2007:88에서 재인용)는 학습자의 수행 결과에 나타나는 행동을 강화시켜 효과적으로 언어를 습득하게 된다는 Skinner의 입장과 달리 어떠한 '자극'을 사용하느냐에 대한 근원적인 자극의 역할과 효용성에 대해서 언급하였다. 즉, 학습자가 친숙한 어휘에 대해서는 정서적인 안정감을 갖게 되어 학습자가 보상을 받을 때의 대상과 상황이 모두 강화되어 학습에 대한 보상 효과를 더욱 크게 한다. 이러한 정의적 자극은 학습자의 모국어와 목표어가 유사할 때 발생할 수 있어서 어휘를 이해하고 사용하기가 더 쉽다. 또한 교사로부터 인정받았을 때의 안정감, 동료로부터의 인정 등도 교육과 연관이 될 수 있다. 즉, 학습에 필요한 '정의적 자극'이 중요하기 때문에 부수적인 정서적 안정감이 학습자를 변화시킨다고 보았다.

또한 청화식 교수법의 단점을 보완할 수 있는 방법으로 Rivers의 *The Psychologist and the Foreign Language Teachers*의 교사들을 위한 실용적인 지침을 살펴볼 수 있다. 첫째, 학습자들에게 동기를 부여하여야 한다. 즉, 학습자들이 왜 그렇게 많은 연습을 해야 하는지에 대한 이유를 말해 주어야 학습 동기를 고취시킬 수 있다. 둘째, 지속적으로 반복되는 Mim-Mem은 학습자들에게 정신적, 신체적으로 피로감을 줄 수 있으므로 교사는 학습자들의 반응에 민감하게 대응해야 한다. 셋째, 어떤 문형 연습을 한 후 일정 단계에 오르기 전에 문법에 대한 설명을 금지시켰으나 학습자 스스로가 자기의 모국어 지식을 바탕으로 잘못된 결론을 유추하여 잘못 내재화된 지식이 화석화될 수도 있으므로 설명은 미리 해도 좋다고 하였다. 넷째, 교사는 어디까지나 녹음이나 어학 실습실을 수업의 보조 자료로 활용해야지 교사의 역할을 대신하는 기능으로 생각해서는 안 된다. 학습자들이 자발적으로 대화에 참여할 수 있는 환경을 조성하는 것이 중요하다. 다섯째, 학습자들이 목표어의 언어와 문화에 대해 우호적인 감정을 갖도록 하는 것이 더 효과적인 수업을 기대할 수 있다. 학습자들이 이질감을 갖지 않도록 하여 학습 동기를 유발하도록 한다. 여섯째, 언어를 학습할 때에는 올바른 반응이 나타나면 다른 요소가 개입되지 않도록 바로 강화를 시켜주는 것이 효과적이라고 하지만 즉각적인 피드백이 학습자의 심리적 상태에 미치는 영향을 고려할 필요가 있다고 하였다.

5.2 청화식 교수법 수업의 절차

Brooks(1964:143, Richards & Rodgers 2001:63에서 재인용)의 내용을 바탕으로 수업 시간에 다뤄져야 할 수업의 절차를 적용해 보면 다음과 같다.

듣기, 말하기, 읽기, 그리고 쓰기의 순서대로 가르친다. (모국어나 목표어를 보통 속도로 이야기한다.)

↓

학습 목표에 해당하는 문형을 구두로 시범 보인다. (대화체 형식으로 구어를 가르치고 학습자들의 반응을 잘 살핀다.)

↓

학습 문형의 제시 (수업 시간에 반 전체 혹은 일부의 학습자들이 직접적으로 낭독하게 한다. 개인 연습이 더 필요한 학습자가 있으면 정확하게 연습시킨다.)

↓

구조화된 패턴 연습 (자동성과 체계화를 위해 가능한 한 빨리 진행하고 문법 연습 동안 발생한 사소한 발음상의 잘못은 넘어간다.)

↓

연습 시간에 많은 시간을 할애한다. (손동작, 플래시카드, 노트 등의 자료를 이용한다.)

↓

어휘 학습 (어휘가 목표어에서 의미와 어떻게 관련을 맺는지 보여준다.)

↓

쉬는 시간 (피로함과 지루함을 느끼지 않도록 10분 정도 쉰다.)

↓

번역 연습
(고급 학습자가 문어(literary)를 훈련할 때만 번역을 연습한다.)

↓

복습
(학습이 강화되도록 학습자들이 발화한 내용에 대해서 보상한다.)

↓

변형 형태 연습
(짧은 이야기나 다른 자료의 형태를 가르친다.)

제4장 침묵식 교수법 (The Silent Way)

1 개념

침묵식 교수법은 Gattegno가 1963년에 제시하였는데,[1] 그 당시보다 현대에 이르러 보다 주목을 받고 있다. 그 이유는 침묵식 교수법이 교실 학습 내용이나 교사의 능력보다는 스스로 알아가는 학습자의 능력 발휘에 중점을 두었기 때문이다. 교사는 교실에서 거의 대부분 침묵하므로 학습자들은 서로 간의 상호작용을 통해 또는 자신의 인지적, 정의적 능력을 최대한 이끌어내어 자율적으로 학습을 하게 된다. 학습자는 이러한 과정을 통해 학습에 대한 강한 동기를 갖게 되며 스스로가 학습 과정의 주체가 된다. 교사의 의도된 '침묵'이 학습자에게 있어 학습에 대한 주의 집중, 내용에 대한 추측과 발견, 창조의 과정을 가능하게 한다.

1.1 언어 이론

Gattegno는 언어학적 접근에 의한 외국어 학습의 효과에 대해 의문을 제기하며, '경험을 통해' 언어의 의미를 이해한다고 주장하였다.[2] 따라서 그는 다양한 학습 도구를 이용하여 학생들이 직접 경험하여 인지한 것을 언어로 전이하는 것에 중점을 두었다. 또한 그는 '언어의 정신', 즉 '소리, 구조, 어휘'를 파악하는 것이 무엇보다 중요하다고 하였다.

'소리(melody)'란 언어의 음악성을 나타내는 것으로 각 언어의 모음이나 자음,

1) Gattegno(1963) 참고.
2) 남성우 외(2006) 참고.

억양, 운율 등이 이에 속한다. 소리는 어린아이가 모국어를 처음 배울 때 먼저 접하게 되는 언어의 음성으로 어린아이는 무의식 상태에서 감각을 이용하여 소리를 받아들이는 것이다.

'구조(structure)'란 문법과는 다른 개념으로 형태의 의미가 아닌 표현의 의미로 문법적으로 기능이 다른 어휘를 다양하게 연결한 표현 양식이다. 이러한 표현 양식에는 각 언어권의 사고방식이나 관습, 생활 습관 등이 잘 드러나는데 언어권마다 다른 방식으로 나타난다. 따라서 표현 양식 속에는 그 언어의 정신이 깃든다.

그리고 '어휘(word)'는 언어 학습의 중심적인 것으로써, 언어를 학습할 때 무엇보다도 어휘의 선택이 중요하다. 어휘는 다음과 같이 나뉜다.[3)]

① 준 고급어(semi-luxury words) : 목표어 문화의 일상생활에서 자주 사용되는 공통적인 표현들로 음식, 의류, 여행, 가족생활 등에 대해 의사소통할 때 이용한다.

② 고급어(luxury words) : 목표어 문화의 정치적, 철학적 의견과 같은 보다 전문적인 생각들을 의사소통할 때 이용한다.

③ 기능어(functional words) : 목표어 문화의 가장 기능적이고 용도가 다양한 어휘로 의사소통할 때 이용한다. 언어의 정신은 주로 기능어에 포함되어 있다.

이 중 '준 고급어'와 '고급어'는 학습자의 모국어로 대치할 수 있거나 상응된다. 하지만 '기능어'는 학습자의 모국어로 대치나 상응될 수 없고 목표어에만 있는 것이다. 따라서 학습자는 기능어를 학습하기 위해서는 해당 언어권 문화와 생활 방식 등에 대한 이해로 구축된 '언어 구조'가 필요하다. 이러한 언어의 정신을 습득했을 때 학습자는 목표어를 원어민과 같이 구사할 수 있다.

1.2 학습 이론

Gattegno는 제2언어를 학습하는 과정이 모국어를 배우는 과정과 다르므로 인위

3) 이경옥(2000) 참고.

적인 방법을 사용해야 한다고 주장했다. 그의 주장은 무언의 환경에서 학습자의 자아를 언어 습득에 적극적으로 투입해야 한다는 것이다. 그의 주장은 다음과 같이 요약될 수 있다. '배움이 가르침보다 선행되어야 한다(Subordination of teaching to learning).'

침묵식 교수법의 학습자는 학습 활동을 통해 스스로의 내적 기준을 형성하고 입력된 내용을 수정하여 발전시킨다. 학습자는 자신의 인지 구조, 경험과 같은 선지식을 활용하여 제2언어를 학습해 가야 하는데 이때 학습에 대한 자율성과 책임감을 가져야 한다. 교실에서 교사는 학습자들에게 그들의 능력을 발휘할 수 있도록 기회를 주고 배려해야 한다. 또 교실에서 학습자들을 편안하고 자유롭게 해주고, 학습자 스스로가 독립적이라는 것을 인식하게 해야 한다.

2 이론적 배경 및 역사

2.1 침묵식 교수법의 등장

침묵식 교수법은 행동주의 심리학의 영향을 받은 청화식 교수법이 비판받고 인지주의 이론에 바탕을 둔 새로운 교수법들이 제안될 때 등장하였다. 이전의 교수법들은 교사가 '어떻게' 학습자를 가르쳐야 하는지에 중점을 두었다. 그러나 학습자의 이해와 태도를 중시하는 인지주의 이론에서 출발한 여러 교수법들은 방법도 중요하나 그 '내용'이 중요하다고 강조하였다. 그런데 침묵식 교수법은 방법과 내용도 중요하지만 무엇보다도 학습의 주체인 '대상', 즉 학습자가 더욱 중요하다고 강조하였다.

침묵식 교수법의 기저에 내재하고 있는 세 가지 가설은 다음과 같다.[4)]

첫째, 학습은 학습자가 배울 것을 기억하거나 반복하기보다는 발견하고 창조할 때 촉진된다(Learning is facilitated if the learner discovers or creates rather than remembers and repeats what is to be learned). 1980년대에 유행한 '발견 학습

4) Richards & Rodgers(1989), 김정렬(2001), 권오량·김영숙(2008) 참고.

(Discovery learning)'은 학습자가 스스로 학습 내용을 발견하고, 자기가 얻은 지식을 바탕으로 창조하는 것을 지지하였다. 발견 학습은 기계적인 학습보다 학습자의 인지 능력을 활용하도록 장려하였다. 침묵식 교수법은 이러한 교육 이론을 활용하여 학습자의 독립성, 자율성, 책임감을 촉진시키면서 학습이 이뤄져야 한다고 주장했다. 또한 교사를 제외한 상태에서 학습자들끼리 문제를 해결하기 위한 협동, 즉 상호작용이 이뤄지는 것이 중요하다고 생각했다. 이러한 발견 학습은 학습자의 인지 능력을 고양시키고 기억도 오래 유지시킬 수 있다. 그래서 침묵식 교수법을 이용한 교실에서 교사는 교실에서 모든 것을 명백히 설명해 주면서 학습자의 이해를 돕기 위해 노력하는 것이 아니라, 90% 이상 거의 침묵하면서 학습자 스스로 또는 학습자들끼리 문제를 해결하는 과정을 지켜본다.

둘째, 학습은 실물이 동반되면 촉진된다(Learning is facilitated by accompanying physical objects). 교실에서 침묵식 교수법은 퀴지네레(Cuisenaire) 막대들과 도표 등을 사용한다. 색깔별로 길이가 다양한 이 막대들은 수업 중 어휘와 문법 등을 설명할 때 사용하며, 도표는 발음 모형이나 문법 어형 변화표 등을 설명하는 데에 사용한다. 이렇게 직접 볼 수 있는 도구를 바탕으로 하는 제시 방법은 학습자로 하여금 그것에 집중하게 함으로써 효과적으로 학습 내용을 기억하게 한다.

셋째, 학습은 학습할 자료를 포함하는 문제를 해결함으로써 촉진된다(Learning is facilitated by problem solving involving the material to be learned). 침묵식 교수법은 학습자로 하여금 새로 입력되는 정보들에 대해 시행착오를 겪으면서 스스로 고민하고 추측하여 판단하게 함으로써 학습이 이뤄지게 한다. 학습자가 자신의 인지적이고 분석적인 힘을 이용하여 학습 내용을 깨닫는 것이 기억 유지에 더 좋다는 것이다.

2.2 침묵식 교수법의 의의

언어 교육에서 침묵식 교수법을 효과적으로 활용할 수 있는 이유를 신용진(1991)은 다음과 같이 요약하고 있다.

① 극소수의 모델을 제시하여 학습자들이 수용할 수 있게 한다.
② 교사가 중요하지 않은 말을 하지 않는 것은 학습자의 입장에서 볼 때 간섭을 적게 받는다는 것을 의미한다.
③ 교사가 말하는 횟수가 적어서 학습자가 자기의 표현에 대해 평가할 수 있다.
④ 교사의 침묵은 학습자들에게 들은 내용을 마음속에서 철저히 반복 또는 기억할 수 있는 기회를 제공한다.
⑤ 학습자가 막대를 통제할 수 있기 때문에 자신이 생산적인 활동을 하고 있다는 것을 분명히 이해하게 된다.
⑥ 단어나 문장의 의미는 막대의 선택과 형태에 의해 구체적으로 나타나기 때문에 이해가 빠르다.
⑦ 교사가 말을 적게 하기 때문에 학습자들의 활동을 관찰하거나 학습자들의 언어 발달 상황을 알 수 있다.
⑧ 침묵식 교수법 교실에서는 학습자들이 적극적으로 참여한다.

침묵식 교수법 교실에서는 교사가 90% 이상 말하지 않기 때문에 학습자들이 교사로부터 얻는 본보기가 매우 적다. 따라서 학습자들은 교사로부터의 본보기를 한 번에 최대한 충분히 받아들이려고 노력하게 된다. 이러한 이해를 바탕으로 학습자들은 학습 내용을 자신의 것으로 받아들여 생산적인 활동을 하게 되는 것이다.

3 수업 적용상의 특징과 장점

3.1 침묵식 교수법의 특징

(1) 교수 목표와 지향점

침묵식 교수법의 가장 중요한 특징은 '스스로 자각(self-awareness)'하여 '스스로 수정(self-correction)'하는 것이다. 교사의 개입 없이 학습자들 스스로 독립성, 자율성, 책임감을 갖고 학습 내용을 일반화하며 자신의 '내적 기준(inner criteria)'에 입각하여 자신의 언어 산출을 검토하며 혼자 또는 학습자 간의 상호작용을 통해 수정을 한다.

침묵식 교수법의 목표는 초보 학습자로 하여금 목표어의 기본 요소를 듣고 말하는 데 어려움이 없도록 하고 원어민에 가까운 유창성과 정확한 발음, 정확한 쓰기 능력을 습득하게 하며 학습자에게 목표어의 문법에 대한 기초적인 지식을 제공하는 것이다. 이를 위해 문법 항목과 관련된 어휘로 구성된 구조적 교수요목을 사용한다. 이 교수요목에는 학습 내용의 복잡성, 선수 학습과의 관련성, 시각적으로 제시되기 쉬운 정도에 따라 수업 내용이 배열된다. 학습은 동작을 나타내는 동사들의 명령문으로부터 시작되는데 그 이유는 행위 동사를 침묵식 교수법을 사용하여 설명하기가 쉽기 때문이다.

(2) 교사의 역할

교사는 학습자들로 하여금 수업 내용 이해를 위해 모험심을 발휘하게 하는 동시에 학습을 촉진시키는 환경을 조성해야 하며 교실의 주도자, 평가자가 아닌 학습 보조자로서 학습자들의 변화를 살피고 학습자들에게 적극적으로 도움을 줘야 한다. 즉, 교사는 수업 중에 침묵을 지키면서도 학습자들에게 필요한 것이 무엇인지를 파악하여 수업 자료를 제시하는 것 등의 활동을 적극적으로 해야 한다.

Stevick(1980)은 침묵식 교수법에서의 교사의 임무를 '가르침, 시험, 끌어내기'로 정의하고 있다. '가르침'은 비언어적인 실마리를 이용하여 의미를 알게 하기 위해 어떤 항목을 단 한 번만 제시하는 것이다. '시험'은 학습자의 말을 이끌어내고 그것이 일정한 형태를 갖추도록 하는 것인데 이때 교사는 '침묵'의 방식으로 학습자들의 활동을 지켜보면서 기다려야 한다. '끌어내기'는 올바른 형태를 갖춘 말을 학습자로부터 이끌어내는 것을 뜻한다.

(3) 학습자의 역할

Gattegno는 학습자의 자각과 자기 도전이 점점 증대됨으로써 언어 학습이 이뤄진다고 보았다. 침묵식 교수법은 학습자 중심의 학습 방법이며, 학습자는 '독립성, 자율성, 책임감'을 발전시켜야 한다. '독립성'이란 학습자 자신이 스스로 목표어로 말을 해야 함을 자각하고 모국어 지식을 활용하여 목표어 학습이 가능하다는 것을 인식하는 것이다. 또한 앞서 배운 내용을 활용하여 목표어의 다른 내용도 이해할 수 있는 능력이 독립성이다. '자율성'이란 상황에 맞는 표현을 생산하는 능력이다. 언어에는 동일한 의미를 갖는 여러 가지 표현이 존재하는데 학습자들은 상황에 맞게 적절한 표현을 선택할 수 있어야 한다. '책임감'이란 학습자가 어떤 것을 말하고 어떤 것을 말하지 말아야 하는가를 선택할 수 있는 능력이다.

침묵식 교수법 교실에서 학습자는 스스로 문제 해결을 하는 것뿐만 아니라 다른 학습자들과의 상호작용을 통해 서로에게 해결책을 제시하는 활동도 해야 한다. 이러한 활동은 서로 경쟁하는 분위기가 아닌 협조하는 분위기 속에서 이뤄져야 하며 서로 주고받는 피드백이 학습을 위한 생산적 과정이라는 것을 학습자는 인식해야 한다.

3.2 침묵식 교수법의 수업 도구

침묵식 교수법에서는 학습자의 주의 집중을 이끌고 학습 효과를 높이기 위해 다양한 도구를 사용하는데 그 목록은 다음과 같다.

(1) 막대(multi-colored rods)

다양한 색깔과 길이의 퀴지네레(Cuisenaire) 막대를 문장의 구조, 강세, 눈으로 볼 수 있는 행동 또는 상황 등을 지칭하는 데 사용한다. 교실에서는 1cm부터 10cm까지의 길이가 다른 10가지 색상(빨간색, 주황색, 노란색, 연두색, 초록색, 파란색, 갈색, 흰색, 까만색 등)의 막대기와 15cm의 긴 막대가 사용된다.

막대는 연상을 촉진하는 기능을 하며 학습자들의 학습과 회상에 도움을 준다. 교사는 초급 단계에서는 막대를 색깔이나 숫자를 학습할 때 사용할 수 있으며 점차 복잡한 구문이나 문법 구조를 대신하여 막대를 제시할 수도 있다. 막대의 배열을 이용하여 어순을 비교하고 막대의 크기로 비교급을 설명하며 막대를 움직이거나 떨어뜨리면서 시간이나 속도 관련 어휘 등을 제시하기도 한다. 또한 어떤 상황에서는 막대로 인물이나 물체를 나타낼 수 있으며 여러 개의 막대로 어떤 구조물도 만들어내는 등 다양한 방법으로 막대의 사용이 가능하다.

1~10cm 막대

15cm 막대

▶ 막대

(2) 지시봉(pointer)

지시봉은 길이가 62cm로 7단으로 접거나 길게 확장할 수 있는 안테나 펜(antenna pen)으로서 접었을 때는 길이가 13cm이다. 지시봉은 길이를 조절하여 가깝거나 멀리 있는 사물이나 그림을 가리킬 수 있으며 경우에 따라 학습자들의 시선을 한 곳으로 모을 수도 있다. 또한 지시봉을 사물의 길이나 크기의 비교, 구문의

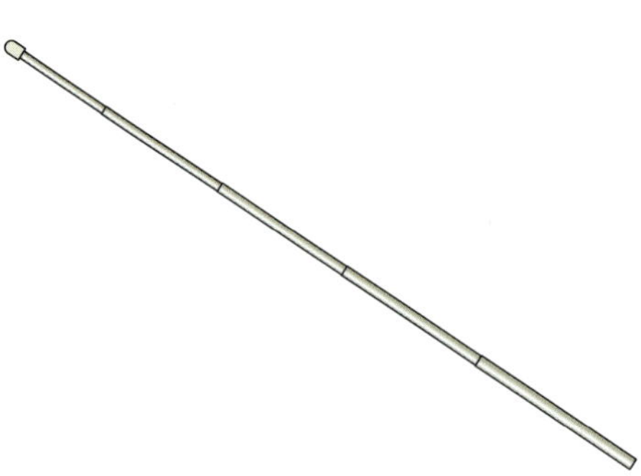

▶ 지시봉

축약 등을 설명할 때도 사용한다. 교사는 발음 학습 시 지시봉으로 칠판이나 교탁을 두드리면서 학습자들에게 강세를 나타내거나 허공에 선을 그리면서 억양의 형태를 보여줄 수도 있다.

(3) 음색표(sound color fidel chart)[5]와 음가표(phonic chart: fidel chart)

음색표는 색깔별로 자음과 모음을 발음에 따라 각각 다른 색으로 나타내고 유사한 소리들은 비슷한 색으로 제시한 것이다. 특정한 색으로 기호화된 소리는 학습자가 발음하는 데 집중하도록 하여 발음에 대한 두려움을 제거해 주며 비슷한 색으로 제시된 유사음의 소리 차이를 정확하게 인식하게 한다. 음가표는 학습자들이 말하기 위해 배워야 할 발음의 범위와 철자의 수를 알려준다.

음색표

음가표

ㄱ	ㄴ	ㄷ	ㄹ	ㅁ	ㅂ	…
ㄲ	ㄵ	ㄸ	ㄺ	ㄻ	ㅃ	
ㅋ	ㄶ	ㅌ	ㄻ	ㅂ	ㅄ	
		…	…		…	
ㅏ	ㅐ	ㅑ	ㅒ	ㅓ	ㅔ	…

▶ 음색표와 음가표

5) 피델(fidel)이라는 용어는 이집트어로 1957년 철자와 발음을 체계화하는 데 처음 사용되었다. 피델 차트는 철자와 그것이 나타내는 발음을 조사하여 동일한 발음이 나는 철자들을 함께 모아둔 일람표라고 할 수 있다. 보다 자세한 사항은 김선미(1999)를 참고.

(4) 단어표(word chart)

단어표는 한 장의 크기가 가로 40cm, 세로 50cm이며 총 12장으로 이뤄져 있으며 각 장마다 대략 40개의 단어가 음색표에 있는 색상으로 나타나 있다. 동일한 색상은 동일한 소리를 내는 것이며 색으로 표현된 소리를 결합하여 학습자는 교사의 도움 없이도 발음을 할 수 있다. 교사는 단어표를 이용한 어휘 대치를 사용하여 문형 구조를 연습시키고 결과적으로는 학습자 스스로가 문장을 만들 수 있게 한다.

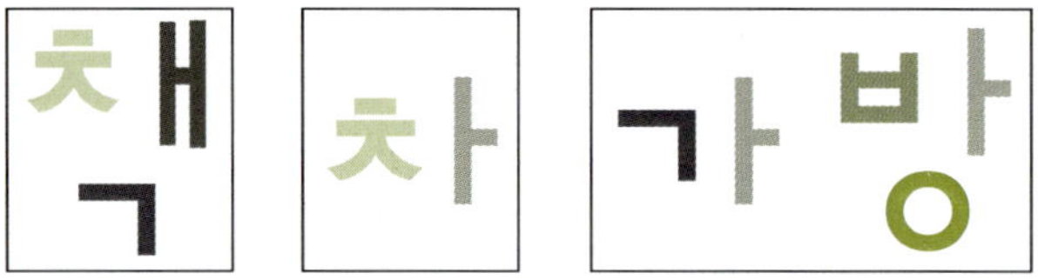

▶ 단어표

(5) 그림과 학습지(wall pictures and worksheets)

Gattegno는 10장의 그림과 각 그림과 관련된 4장의 학습지를 제시하였는데 그림은 기능어나 문법 구조 외에 어휘 학습에 효과적이다. 일상생활에 필요한 어휘 학습에 도움을 주는 그림의 제시 및 연습 단계는 다음과 같다.

① 1단계 : 그림을 보고 어휘를 익힌다.

② 2단계 : 익힌 단어 중에서 세 개 이상의 어휘를 골라 문장 하나를 만드는 연습을 한다.

③ 3단계 : 그림이 나타내는 상황에 대해 학습자가 글을 쓴다.

이와 같이 그림을 이용한 수업은 학습자의 주의를 끌 수 있으며 그림을 봤을 때 학습자의 모국어 어휘가 연상되어 목표어 어휘 의미 학습에 도움이 된다. 또한 통제된 수의 어휘나 표현들을 생산할 수 있으며 학습자가 이미지로 단어를 기억하는 데에도 도움을 준다.

(6) 비디오 테이프(video-tape)

Gattegno가 직접 제작한 'English, the Silent Way: a Video Program' 비디오 교재는 8명의 외국인 학습자들이 영어를 초급부터 학습해 가는 과정을 30분짜리 비디오 테이프 140개에 녹화한 것이다.[6] 이 비디오 테이프 자료는 침묵식 교수법을 교실에서 활용하는 표본을 보인 것으로 이와 같은 방법을 실제 교실에 적용해 볼 수 있다.

(7) 손가락(finger)

교사는 막대나 지휘봉 등을 사용할 수 없을 때 손가락을 이용할 수 있다. 문장의 어순 바꾸기, 문장의 연결, 발음 교정을 할 때, 숫자 등의 수업 때 교사는 손가락을 이용하여 제시할 수 있다.

(8) 기타

이밖에 실물, 슬라이드, 녹음 테이프 등을 이용할 수도 있다. 교실 안의 실물은 모두 수업 자료가 될 수 있고, 슬라이드로 사진을 제시하거나 녹음 테이프 등을 활용하여 학습을 유도할 수 있다. Gattegno(1976)에서는 학습자들의 읽기 능력 신장을 위해 천 개의 문장, 짧은 글, 여덟 개의 이야기 등을 활용할 것을 제안했다.

남성우 외(2006)는 '음색표와 음가표를 활용하여 발음 익히기', '그림 차트, 음색표와 음가표를 활용하여 단어 익히기', '지휘봉을 활용하여 강세 익히기', '그림 차트를 활용하여 어휘력 확장하기', '채색 막대를 활용하여 구나 문장 만들기', '채색 막대를 활용하여 어순 및 초분절소 익히기', '손가락을 활용하여 숫자 익히기', '손가락을 활용하여 문장 연결하기' 등의 8개 활용 유형을 제안하였는데 이들은 교실 수업에서 사용될 수 있다.

---

6) 보다 자세한 사항은 남성우 외(2006) 참고.

3.3 침묵식 교수법의 장점

침묵식 교수법의 장점은 다음과 같다.

- 교사의 침묵은 학습자로 하여금 주의를 집중하여 스스로 학습할 수 있게 한다.
- 학습자의 인지적 능력을 중시하여 학습자로 하여금 언어 내용을 스스로 학습할 수 있는 내적 판단 기준을 만들 수 있게 한다.
- 학습자의 내적 기준에 의한 판단과 추측을 통해 학습 내용을 스스로 발견해 내는 '발견 학습'을 가능하게 한다.
- 학습자는 스스로 발견하고 수정하는 과정을 겪으면서 기계적인 반복 연습이나 교사의 일방적인 제시에 의한 것보다 훨씬 더 오래 학습 내용을 기억할 수 있다.
- 학습자 스스로의 발견뿐만 아니라 학습자 간의 상호작용을 통해 스스로 수정하기 때문에 수업의 주체가 학습자가 된다. 학습자 간의 이러한 상호작용은 학습자 개개인으로 하여금 서로의 평가자, 관찰자, 보조자 등의 다양한 역할을 수행하게 한다.
- 여러 가지 다양한 교수 자료의 활용은 학습자의 배경 지식을 활성화시키고 뇌의 사고 작용을 촉진시켜 학습의 효과를 극대화한다.
- 여러 가지 다양한 교수 자료의 활용은 이미지를 형성함으로써 학습자가 발음에 대한 부담감을 덜 수 있게 한다.

4 수업 적용상의 단점 및 문제점

침묵식 교수법의 단점은 다음과 같다.

- 학습자들이 주의를 집중하지 않으면 지루해 할 수 있고 학습 효과도 떨어진다.
- 학습자가 교사가 한 번 발화할 때 집중하지 않으면 정확한 발음을 기억하

기 어렵다.

- 교사들의 직접적인 제시가 더 효과적일 수 있는데도 학습자들 스스로 문제를 해결하려고 노력하는 과정이 지나치게 길어질 수 있다.
- 교사가 다양한 도구로 수업 내용을 제시하기 위해 수업 전 준비 시간이 많이 필요하다.
- 초급 단계 이후 학습자들에게 복잡한 문법 구조를 이해시키기 위해 침묵식 교수법을 적용할 때에는 많은 어려움이 따른다.
- 학습자들에게 구체적 단어가 아닌 추상적 단어를 설명하는 것은 매우 어렵다.
- 교사와 학습자의 상호작용에 의해 얻어질 수 있는 학습 효과를 기대할 수 없다.

침묵식 교수법은 교사가 모든 것을 제시하는 방식에서 벗어나 학습자 중심으로 스스로 배우도록 하는 것에 중점을 두었다는 점에서 긍정적인 평가를 할 수 있다. 하지만 목표어로 의사소통하는 교실 분위기 형성이 되지 못할 수 있고 교사와 학습자 간의 거리가 너무 멀기 때문에 오히려 학습 효과가 떨어질 수도 있다. 초급 단계의 학습자는 교사의 명시적인 제시와 그 밖의 많은 설명을 필요로 한다. 교사의 직접적인 설명이 훨씬 쉽고 분명한 학습이 될 수 있는 내용을 가르치기 위해 학습자들을 고민하게 하면서 시간을 낭비할 필요는 없다. 막대기나 차트 등의 교수 자료도 매 시간 반복이 되면 학습자의 입장에서는 흥미가 떨어지고 학습 효과도 떨어질 수 있다.

5 적용 가능 영역

침묵식 교수법은 교사가 의도적으로 침묵을 함으로써 학습자의 발화를 이끌어 내는 교수법이다. 이때 학습자에게 발화하고자 하는 동기를 부여하기 위하여 막대, 음색표 또는 음가표 등과 같은 시각적 이미지를 사용한다. 이러한 도구는 언어를 시각적 이미지로 기억하고 회상하게 한다. 즉, 교사의 적극적인 개입이 없더라도 시각적 도구를 활용하여 학습자들의 흥미와 자발적인 학습 태도를 이끌어 낼 수 있는 것이다.

침묵식 교수법을 교실에서 활용할 수 있는 활동을 살펴보면 다음과 같다.

① **발음** : 침묵식 교수법에서는 시각적 자료를 활용하여 학습자 스스로 규칙을 발견하고 정확한 발음을 학습하게 된다고 강조한다. 침묵식 교수법에서는 한국어의 발음들을 시각적 이미지로 인식하여 효과적으로 학습할 수 있다. 예를 들어, 이중 모음 'ㅢ'와 같은 발음은 사용 환경에 따라 실제 발음되는 소리가 다르다. 단어표에 제시되는 단어들 중 '의사'와 같이 '의'로 시작하는 'ㅢ'는 음가 [ui]의 색깔로, 조사 '의'에서의 '의'는 음가 [e]의 색깔로 제시함으로써 철자는 같지만 사용 환경에 따라 음가가 다름을 학습자들이 스스로 발견하게 한다. 또한, 받침의 중화 현상이나 겹받침의 대표 음가로 실현되는 현상 그리고 단어 사이의 연음 현상을 시각적으로 보여 준다.

② **억양** : 억양은 평서문이나 의문문과 같은 문장의 유형을 나타내기도 하지만 화자의 감정이나 태도 등을 나타내기 때문에 중요한 학습 요소이다. 단어 카드나 막대를 활용하여 문장을 제시할 때 높낮이의 차이를 두어 문장 유형이나 기능에 따라 차별화되는 억양을 알게 한다.

③ **문형** : 한국어는 체언에 결합하는 조사와 용언에 결합하는 어미에 따라 문장의 의미가 달라진다. 각각의 문장 성분에 따라 막대의 색깔을 달리하여 한국어의 어순 규칙을 발견하게 한다.

침묵식 교수법의 수업 절차는 다음과 같이 구성될 수 있다.

단계	교수 내용	학습 내용	자료
도입	• 인사하기 • 전 시간 내용 복습 – 자료 제시	• 인사하기 • 전 시간 내용 복습	그림 자료 비디오 테이프 음색표·음가표 손짓
제시	• 이번 시간 내용 제시 – 자료 제시	• 자료 보고 생각하기 • 자료 보고 이해하기	그림 자료 음색표·음가표 지시봉 비디오 테이프
연습	• 구조 연습 – 교구를 이용한 제시	• 구조 연습 – 제시 내용 보고 추측하여 말하기	그림 자료 음색표·음가표 지시봉 막대
활용	• 활동 안내 및 관찰	• 구조 연습 – 응답 연습 • 의사소통 연습 – 학습자 간의 연습 – 학습자 간의 피드백	손짓 등 몸동작
마무리	• 내용 확인 및 정리 • 과제 제시 • 인사하기	• 내용 확인 및 정리 • 인사하기	그림 자료 음색표·음가표 지시봉 막대

다양한 그림 자료와 녹음 자료를 활용하는 침묵식 교수법은 현실적이지 못하다는 비판이 있음에도 학습자 심리를 중시한다는 점에서 의의가 있다. 또한 침묵식 교수법은 스스로 자연스럽게 목표어의 형식과 의미 구조를 습득할 수 있는 학습자들의 인지 능력을 신뢰한다.

제5장 공동체 언어 학습법 (Community Language Learning)

1 개념

구조적인 연습에 치중했던 청화식 교수법이 쇠퇴하면서 1970년대에 들어 기존의 교수법에 반대한 혁신적인 교수법들은 인지적·정의적 혹은 정서적인 특성을 띠게 된다. 이는 기존의 문법번역식 교수법이나 청화식 교수법에 비하면 상당히 진보적이고 개혁적인 교수법이었다. 그중 상담학습(Counseling-Learning)이라고도 불리는 공동체 언어 학습법은 심리적 학습방법을 언어 교수에 도입한 것으로 구두 숙달도 지도에 사용되었다.

공동체 언어 학습법에서 교사는 주도권을 행사하던 권위적인 위치에서 벗어나 조언, 보조, 후원자로서의 역할을 하는 상담자가 되고 학습자는 교사나 동료들의 도움이나 조언을 필요로 하는 내담자가 된다. 이렇게 수업 내에서 교사와 학습자들의 역할을 조정함으로써 학습자들은 자신들이 표현하고 싶은 내용들을 자유롭게 이끌어낼 수 있는 분위기를 조성하게 된다. 발음, 어휘, 문법적인 차이점과 문화적인 상호작용 등 폭넓은 분야의 영역 속에서 차이점을 확인하고 내재화하는 데에 학습의 본질이 있다고 본다. 앞서 언급한 청화식 교수법의 단점을 극복한 교수법으로 학습자 스스로가 주도적으로 배우고 싶은 내용을 학습한다.

2 이론적 배경 및 역사

2.1 공동체 언어 학습법의 등장

학습자 중심의 학습 방법인 공동체 언어 학습법(Community Language Learning)은 임상심리학자였던 Curran(1976)이 상담학습(Counseling-learning) 모델을 언어 교수에 적용하여 고안한 교수법이다. Curran의 상담학습 모델은 인본주의(Humanism)에 따른 전인 학습을 주장했던 Rogers(1951)의 영향을 받았다. Rogers는 교사와 학습자가 공동체의 한 일원으로서 소속된 그룹의 개개인을 존중하는 교육의 환경이 학습을 촉진할 수 있다고 주장하였다. 그는 구조주의식의 과학적인 분석이나 이성주의적 이론과는 달리 인지 과정의 중요성 이외에도 학습 분위기가 잘 조성되면 학습자 스스로가 필요로 하는 어떤 것도 학습할 수 있다는 인본주의적인 입장을 지향하는 것이었다.

Moskwitz(1987, Richards & Rodgers 2001에서 재인용)는 학습자들이 학습 목표를 깨닫고 자신의 지식을 활용하여 스스로 학습 동기와 목적을 이해하고 자긍심을 높임으로써 서로의 관심 분야를 공유하는 분위기를 양성하도록 돕는 것이 이 교수법의 특징이라고 하였다. 즉, 언어적 지식이나 기술들의 중요성뿐만 아니라 정의적 특성을 더욱 중요시한 것이다. 이러한 공동체 언어 학습법에서 채택하고 있는 학습 원리는 '체험학습'으로 여러 교육에서 경험 혹은 체험을 중시하는 교육이론이다.

2.2 공동체 언어 학습법의 이론적 배경

19세기에서 20세기 중엽에 이르는 실험적 경험론을 통해 현대 교육에 영향을 끼친 교육 철학자인 Dewey의 경험주의 교육이론을 바탕으로 전개된 것으로 이러한 교육이론들이 외국어 교육에 응용된 것이 최근의 외국어 교수법의 기저에 있는 학습 원리이다(이덕봉 1997 : 161). Dewey의 경험주의 학습 이론은 교사 중심의 획일적인 수업을 반대하고 학습자들이 자신의 선행 학습 경험을 바탕으로 학습을 자유롭게 유도해 가는 것을 목표로 한다. 이러한 환경은 교사가 일방적으로 수업을 이끌어 나가는 청화식 교수법과는 달리 학습자들이 서로 협조하는 환경에서 자신의 의견을 소신껏 표현함으로써 불안감을 줄여 의사소통을 방해하는 방어기제를 낮추게 하려 한 것이다. 일단 안정된 환경을 조성하게 되면 수업 시간 동안 학습자들은 정서상의 안정을 중요시하는 태도를 갖게 된다. 그리고 교사는 상담자로서 학습자들의 욕구를 충족시키는 후원자의 역할을 하게 된다. 이렇듯 공동체 언어 학습법은 그룹 공동체의 신뢰감 확립이 중요한 요소가 된다.

박약우(1990)에 의하면 Curren의 제자 La Forge(1971)는 이러한 '상호작용'의 중요성을 공동체 언어 학습에서 가장 중요한 요소로 언급하였다. 그는 상호작용을 두 가지 측면으로 나누어 학습자 간 상호작용과 교사-학습자 간의 상호작용으로 구분하여 설명하였다. 학습자 간의 상호작용은 주로 정서적으로 안정된 상태에서 학급이 공동체의 성격을 띠면 띨수록 상호작용의 친밀도가 높아지게 되는데 이러한 친화감이 학습에 있어서 동기 부여의 기회를 제공한다고 하였다. 그 한 예로, Tranel(1968)은 실험 그룹에 참여한 학습자들이 동료 간에 친밀도가 있는 상태에서 그룹에서 소외당하지 않기 위해서 노력할 때 학습 동기가 고조된다고 하였다.

또 다른 상호작용의 모습으로 교사와 학습자 사이의 상호작용을 들 수 있다. 학습의 초기에는 목표어에 대한 언어적 지식이 빈약하므로 목표어로 자신의 의견을 통역해 줄 지원자로서의 교사에게 절대적으로 의존하게 된다. 이러한 단계를 지나면 학습자들은 자신이 하고 싶은 말을 짧은 단어나 구로써 표현할 수 있는 수준으로 올라가면서 서서히 교사에 대한 의존도를 낮춰 간다. 그 다음으로는 교사가 지적해 주는 오류에 대해 불만을 나타내는 단계, 더 나아가 교사가 지적해 주는 미세한 오류까지 받아들일 수 있는 단계를 거쳐 마지막으로 완전히 교사에서 독립하여 숙어적 표현과 문체적 통찰력을 가지고 자유롭게 목표어로 의사소통을 할 수 있는 단계에 이르게 된다고 하였다.

Curran(1976)은 효과적인 학습을 위하여 필요한 심리적인 다음의 네 가지(SARD) 요구 조건을 제시하고 있다.

① 안정감(Security) : 학습자가 안정감을 잃으면 성공적인 학습 경험을 쌓기

어렵다.

② **집중력과 적극성(Attention and Aggression)** : 수업의 참여도가 결여되면 집중력이 떨어진 증거라고 보아야 한다. 과제를 다양하게 제공함으로써 학습자의 집중력을 향상시킬 수 있고 이에 따라서 학습이 향상될 수 있다. 또한 적극성(aggression)이란 새로운 지식을 도구로 사용하여 학습자 자신의 주장을 펴기 위해 배운 것을 설명하거나 친구들의 말을 이어받을 때 자신의 능력을 드러낼 기회를 찾는 것을 말한다.

③ **지식의 내재화와 회고(Retention and Reflection)** : 학습한 내용이 자신의 것으로 내재화되어야 하며 현재의 학습 단계를 평가하고 앞으로 학습할 목표를 재평가하기 위해 침묵할 시간을 갖고 수업 시간에 배운 내용을 의식적으로 돌아봐야 한다.

④ **판별(Discrimination)** : 학습자들이 학습 자료들을 보유하게 되면 학습한 내용들을 범주화하고 상호관련성을 파악할 수 있게 된다. 이런 판별 능력이 증가하게 될수록 교실 밖의 상황에서도 의사소통의 목적으로 언어를 사용할 수 있게 한다.

공동체 언어 학습법은 정의적인 측면을 강조한다는 점에서는 침묵식 교수법과 공통점을 찾을 수가 있다. 그러나 침묵식 교수법은 교사와 학습자 사이에서 성인들 간의 관계가 중요시되어 방어적인 감정과 수용성이 있는 학습 사이에서 필요한 충돌을 피하고자 한다. 반면 공동체 언어 학습법은 최소한 초기 단계에서 부모님과 자녀 사이 같은 양육의 관계를 유지한다. 방어적인 감정은 학습에 해로운 것으로 보기 때문에 대인 관계에서 방어를 감소시켜 학습의 수용 능력을 증진시키고자 한다.

3 수업 적용상의 특징과 장점

3.1 공동체 언어 학습법의 특징

이 수업을 개략적으로 설명하자면 다음과 같다. 우선 학습자들이 원형으로 둥

글게 앉는다. 초급 학습자들에게도 적용할 수 있다. 학습자들은 자신이 하고 싶은 말을 전체나 개인에게 말하고 싶을 때 모국어로 이야기할 수 있다. 이때 상담자로서의 교사는 학습자들이 표현하고자 하는 말을 목표어로 전달해 준다. 학습자들은 이 문장을 따라한다. 가능하다면 이 대화 상황을 녹음해 두는 것이 좋다. 학습자들이 한 주제에 대해 이야기를 끝마친 경우 교사는 녹음한 것을 재생시켜 학습자 전체가 수업 시간 동안 진행한 내용에 대해 목표어로 제시함으로써 학습자들은 정보를 귀납적으로 정리하는 시간을 갖게 된다. 학습자들이 원하면 좀 더 구체적으로 문법적인 설명을 할 수도 있다. 학습자의 언어 구사 능력이 향상됨에 따라 점차 목표어로 설명해 주는 시간이 줄게 되고 일정 시간이 지나서 학습자는 해당 언어를 유창하게 구사하게 된다.

학습은 상담의 형태로 진행되는데 부드럽고 격식을 차리지 않는 상황이 중요하다. 이때 교사는 학습자에게 긴장감이나 부담감을 주지 않아야 한다. 학습자는 자신이 속한 집단과 같은 수준일 때 걱정 없이 마음의 평화를 얻는다. 또한 학습자는 자기주장을 내세워 공동 사회로부터 지지받기를 원한다. 그러므로 효과적인 학습을 위해 자기주장과 소속감의 욕구 간에 균형이 필요하다. 그래서 교사는 학습자의 감정적인 특성을 잘 이해하는 상담자로서의 역할을 충실히 수행해야 한다. 안전이 주장과 주의를 가능하게 하는데 공동체 언어 학습법은 Rogers의 철학을 적극적으로 실천하여 학습자들에게 위협을 줄 수 있는 정의적인 요소를 극복하고자 하는 데에 특징이 있다.

3.2 공동체 언어 학습법의 장점

공동체 언어 학습법의 장점으로는 다음과 같은 것이 있다.

첫째, 학습자가 주도적으로 자신의 의견을 개진하는 것이기 때문에 발화 연습은 유의미적이며 지루함이 없다. 공동체 언어 학습법에는 일정하게 짜인 교육과정 및 교재가 존재하지 않기 때문에 학습자들이 배우고 싶은 내용들을 질문하고 토론하면서 필요한 교재의 내용을 구성할 수 있기 때문에 학습 동기와 흥미를 유발할 수 있다는 장점이 있다.

둘째, 안정적이고 친화적인 분위기 속에서 공동체 회원들 간의 친밀감을 높여

전인적인 학습을 할 수 있다는 정의적 측면의 장점도 있다. 학습자들 서로가 친밀감이 생기면 공동체 수업을 하면서 개개인의 공동체에 속하고 싶어 하는 욕구가 상승하고 이것이 학습 동기를 높이게 된다. 공동체 언어 학습법은 그룹에 참여하고 있는 학습자들을 심리적으로 편안하게 유도하여 안정성을 추구하고 상호간에 인격을 존중해 줌으로써 수업에 자발적으로 참여할 수 있게 한다. 이러한 과정에서 학습자들은 스스로 외국어로써 의사소통을 할 수 있다는 학습 동기를 유발할 수 있으며 이는 효과적인 학습으로 이어질 수 있다. 또한 학습자 자신이 직접 말할 수 있는 기회를 가짐으로써 자기의 결함을 보완할 수 있게 되며 안정된 분위기에서 동료들의 말을 들을 수 있다.

셋째, 학습자 중심의 교수법이다. 학습으로 인해 일어나는 문제점이나 고민, 걱정 등의 느낌을 자유로이 토론하므로 학습 활동과 수업 내용에 활용할 수 있다. 이 교수법에서 문장과 의미는 전적으로 학습자들에 의해서 파생되기 때문에 토론을 통해 학습한 지식이 내재화되기 쉽다. 녹음된 내용을 통해 교사의 특별한 제재 없이 자발적인 참여가 가능하다.

교사는 학습자들의 불안감을 줄여 주고, 교실 내에서는 자유로이 의견을 개진할 수 있는 분위기를 조성해 주어야 한다. 또한 교사의 도움이 없더라도 스스로 학습 능력을 키울 수 있도록 학습자들을 지도한다면 학습자의 학습 의지를 고취시켜 학습 동기를 유발하는 촉매제 역할을 할 수 있다.

4 수업 적용상의 단점 및 문제점

공동체 언어 학습법에 대해 다음과 같은 문제점들이 지적되었다.

첫째, 소단위 학급으로 구성되어야 하고 완벽한 이중언어 구사자라고 해도 상담훈련도 받아야 하므로 유능한 교사의 확보가 어렵다. 공동체 언어 학습의 성공 여부는 교사의 목표어와 모국어의 이중언어 구사 능력에도 상당히 좌우가 된다. 학습자가 목표어를 효과적으로 이해하기 위한 수단으로서 교사의 어학 능력이 뒷받침되어야 하므로 이에 신경을 써야 한다. 학습자들이 자신의 모국어로 이야기한 내용을 번역할 때 발생하는 미묘한 차이점들을 구체적으로 설명할 수 있는 정도의 수준을 갖춘 교사를 확보하기가 어렵다는 단점을 들 수 있다.

둘째, 교수요목의 부재로 수업의 목표가 분명하지 않고 평가하기 어렵다. 공동체 언어 학습법은 공동체 구성원들 간의 상호작용에 의해서 학습이 이루어지므로 교재가 특별히 필요한 요소로 간주되지는 않는다. 수업 자료는 교안 작성 시에 교사들이 준비를 하게 되는데 간단히 요약한 내용을 판서하거나 학습자들의 대화 내용 중에서 나타난 언어적 특징의 일부를 환기시키는 역할을 한다. 대화는 전사되거나 복습을 위해 핸드아웃으로 받게 된다. 학습자들은 드라마나 회화를 위한 스크립트와 같은 학습 자료들을 가지고 스스로 그룹을 이뤄 학습을 하게 된다. 따라서 잘 조직된 교수요목 등에 익숙한 학생들은 이 교수법에서 오히려 근심과 좌절감을 맛볼 수도 있다.

셋째, 학습자와 학습을 통제하기가 어렵다. 교사가 학습자 개인의 언어 발달 단계에 맞게 수업을 진행해야 하는데 학습자들의 성향과 수준이 모두 다르므로 교사의 통제가 쉽지 않다는 단점이 있다. 수업 전체의 커리큘럼이 전적으로 학습자 주도적으로 진행이 되기 때문에 어휘나 문법 항목 등의 통제가 어렵다. 또한 성인 학습자들의 경우에는 어린이 학습자와 달리 분석적인 접근을 하고 싶어 하는 경우도 많은데 그러한 학습자들의 요구는 충족시키기 어렵다. 또한 평가 자체도 수업의 목적에 맞게 하기 어렵다. 정확성보다 유창성에 초점을 두는데 이것이 목표 언어의 문법적 체계를 부적절하게 통제하도록 할 수도 있다고 지적한다.

넷째, 학습과 관련된 정서적인 문제가 발생할 수도 있다. 이 교수법은 자료의 분석과 다양한 활동을 통해 폭넓고 자유로운 학습 스타일을 선보인다. 따라서 기존의 교수법과 같이 교사의 질문이나 활동에 즉각적이고 개별적으로 답을 하고 수정을 받는 형태이므로 체계적으로 문법이 제시되지 않는 데에서 오는 학습자들의 불안감 등도 고려해야 할 것이다. 또한 귀납적 훈련이 모든 수준의 학습자들에게 효과적으로 적용될 수 있는 것인지도 고민해 볼 필요가 있다.

다섯째, 공동체 언어 학습법에서는 직접식 교수법처럼 직관적이고 흉내를 중요하게 생각했기 때문에 테이프 녹음기와 같은 보조 자료가 활용되었다. 이런 방식으로 학습자들은 목표 발음에 그들이 원하는 정도까지 접근할 수는 있었으나 녹음기는 학습자들이 생성해낸 발화를 기록할 뿐만 아니라 그들이 무엇을 말했는지 자신들로부터 거리감을 느끼게 하기도 한다. 또한 자신들이 발화했던 내용과 교사의 정확한 발화 사이를 비교하는 데에 초점을 둔다는 점에서 비판을 받았다. 학습자가 원하는 만큼 반복해 주는 인간 컴퓨터 기술은 학습자들이 발음 연습을 필요한 만큼 충분히 흉내낼 수 있는 기회를 제공해 주었을 뿐 발음을 분명하게 수정해 주지 않는다.

그러나 공동체 언어 학습법의 지지자들은 이 방법이 언어 학습에 있어서 언어적 측면뿐만 아니라 인본주의적인 측면이 강하므로 학습자들의 스트레스를 줄이고 학습자 중심에서 수업을 할 때의 긍정적인 측면을 강조하고 있다.

5 적용 가능 영역

공동체 언어 학습법에서는 명시적으로 학습 목표를 규정하고 있지는 않으나 이 교수법을 사용하는 대부분의 외국어 교수에 관한 저술에서는 초급 회화반에서 사용한다고 기술되어 있다. 교사의 언어적 지식이나 언어 숙달도를 목표어를 통해 학습자에게 전이시킬 수 있다고 믿고 있다. 이 교수법은 기존의 교수요목들을 사용하지 않고 학습자들의 관심 사항에 따라 진행된다. 따라서 공동체 언어 학습법의 교수요목은 학습자가 표현한 의사소통적 의도와 목표어로 해당 내용을 적절하게 변형을 시키는 것 사이의 상호작용으로부터 나타난다. 교사는 구체적인 설명과 분석을 위하여 세부적인 문법 요점이나 어휘 패턴 등을 따로 설명하기도 한다. 수업 중에 다루는 것을 다시 되새겨 보는 시간을 갖는 후속 활동들이 공동체 언어 학습법에서의 교수요목이 될 수 있다. Stevick(1990)에 따르면 수업은 다음과 같은 방식으로 진행될 수 있다.

① **자료 축적**(Accumulation phase) : 자료를 수집한다. 가장 전형적인 이 수업 방식은 학습자들이 녹음기를 가운데 둔 채 둥그렇게 앉는다. 교사는 학습자들의 어깨에 손을 올려놓은 채로 학습자들 중의 한 명 뒤에 선다. 편안한 상태에서 교사는 학습자들에게 자신의 모국어나 목표어로 말을 하고 싶은 것을 말해 보도록 한다. 이때 자유롭게 자신의 의견을 개진할 수 있도록 교사는 안전한 학습 분위기를 제공하되 내용을 끌어내기 위해서 강제적으로

말을 하지 않도록 하고 편안한 분위기 속에서 서로 이야기하는 내용에 흥미를 가지고 접근할 수 있도록 돕는다.

일단 교사는 학습자들의 발화를 목표어로 번역하여 말해 준다. 교사는 쉽게 반복할 수 있도록 문장을 구나 단어로 나누어 제공하고 학습자들이 그것을 반복하게 한다. 학습자들이 유창하게 전체 문장을 말할 수 있는 단계가 되면 수업 내용을 테이프에 녹음한다. 가장 큰 실수만을 교정하고 이 절차들의 내용 대부분을 테이프에 녹음한다. 학습자들이 의미를 파생하고 교사를 통해서 목표어로 표현이 되는 것에 주의를 집중하게 된다. 한 학습자가 발화할 때마다 또한 형식을 파생시킨다. 학습자 스스로에 의해서 만들어진 형식과 기존의 지식과의 사이에 불일치하는 현상들을 발견하게 된다.

② 분석 단계(Analysis phase) : 수업의 단계에서 녹음이 완료가 되면 대화를 다시 한 번 들어 본다. 학습자들은 새로운 목표어와 교사가 문자 그대로 번역한 내용을 대조해 본다. 교사는 학습자들이 배운 내용들 중에서 더 연습을 하고 싶은 발음이 있는지를 물어 보고 교사가 다시 더 연습을 하고 싶어 하는 학습자 뒤에 서서 인간 컴퓨터로서 역할을 한다. 교사는 학습자에 의해서 조정된다. 정확한 발음을 듣고 싶어 하는 학습자가 만족할 때까지 교사가 발음한 단어나 구에 대한 정확한 발음을 학습자들이 흉내내고 반복하게 된다. 그리고 교사는 칠판이나 차트 위에 필기하는데 이때 학습자들은 자신들의 발화 자료가 담긴 내용을 여러 번 들을 수 있고, 교사가 쓰는 동안 보조를 맞추어 상응하는 문어 형식을 관찰하게 된다. 일단 자료가 다 문어로 표현되면 학습자들이 검토할 시간을 제공한다. 한 번에 필기한 것의 한 부분을 가리키고, 학습자들에게 그것의 의미와 기능을 추측해 보도록 한다. 교사의 설명과 비교하며 한 명의 낙오자도 없도록 안전을 중시하며 학습자들은 실제의 형식과 그 형식들이 무엇인가를 그들이 생각했던 것과의 차이가 있는지를 확인하는 기회를 얻는다.

③ 동화 단계(Assimilation phase) : 지식의 내재화 단계에서는 학습자들이 원문이 의미하는 것이 무엇인가를 이해하고 그것이 어떻게 결합되었는지를 본 후 장기 기억 속에 더 잘 확립될 수 있게 해야 한다. 이것을 달성하기 위해서 새로운 자료를 연구하고 어휘를 게임의 형식으로 제공하여 다양성을 추

구한다.

④ **평가 단계**(Appraisal phase) : 학습자들은 수업 중에 적절하게 반응을 이해하고 비방어적인 반응을 했는지를 뒤돌아보게 한다. 학습의 내용을 복습할 뿐만 아니라 자신의 태도와 행동을 살펴보고 새로운 차이점을 배워 수정하도록 유도한다.

구체적으로 Richards & Rodgers(2001:96)의 의견을 바탕으로 수업을 구성해 보면 다음과 같다.

수업 준비
서로 얼굴을 마주 보게 하여 동그랗게 앉는다.

↓

토의 도입
• 주제 설정을 위한 침묵의 시간 • 학습자 스스로 수업 내용 결정 • 학습자들이 문제 제기(주제가 결정되면 3분 정도의 추가 시간 부여)

↓

토의 시작
• 학습자가 모국어로 메시지 전달 • 교사는 메시지를 목표어로 번역 • 학습자의 반복 • 토론된 주제의 내용을 복습하기 위해서 녹음 • 나머지 학습자는 토론 내용 필기

↓

그룹 활동
• 소그룹으로 토론 • 옆 팀에게 토의 내용을 반복하거나 다른 말로 바꾸어 소개 • 들은 내용을 본래의 팀에게 재전달

↓

목표 문법 및 의미 설명

- 녹음 내용 재생
- 내용을 판서하거나 좀 더 확장하여 제시
- 녹음 내용 중 문장을 선택하여 문법, 의미에 대해 부가 설명
- 질의응답 시간

↓

복습(회고의 시간)

반 전체나 그룹으로 교사와 학습자들 사이에 다음과 같은 내용에 대해 토의

- 구두로 혹은 문어로 약속한 내용
- 상호작용
- 교사나 동료에게 느꼈던 감정
- 학업상의 발전과 좌절감

↓

마무리

학습한 내용을 필기, 혹은 유인물을 제공하여 추후 교재로 사용

제6장 전신 반응 교수법 (Total Physical Response)

1 개념

전신 반응 교수법은 Asher(1969)가 제안한 교수법으로 어린이가 모국어를 습득하는 것에 착안하여 고안된 방법이다. Asher는 언어 학습은 신체 활동과 함께 이루어질 때 더 효과적이라고 주장하였다. 그는 교사의 발화에 대해 학습자는 말하기로 반응하는 것이 아니라 행동으로 반응하면서 언어를 익혀 나가야 한다고 주장하였다. 이때 교사의 발화는 명령문의 형태를 취하며 학습자는 듣기를 통해서 이해 능력을 축적시키고 그 능력은 자연스럽게 말하기 능력으로 전이된다고 하였다.

1.1 전신 반응 교수법의 주요 활동

전신 반응 교수법은 듣기 능력을 우선적으로 개발해야 한다고 주장하였지만 이 교수법의 궁극적인 목표는 구어의 유창성을 기르는 것이다. 이 목표는 교사의 명령에 대해 행동으로 반응하는 연습을 통해서 달성된다. 명령문의 반복 연습은 전신 반응 교수법의 중요한 활동이다. 이러한 연습을 하면서 말하기 준비가 될 때까지 듣기 능력을 축적하고 학습자가 말할 준비가 된 후에 말하기 수업을 시작한다. 이때 명령문의 반복 연습 외에도 역할극(role play)과 같은 활동을 하는데 역할극의 상황은 일상생활에서 자주 접할 수 있는 슈퍼마켓, 옷가게 등으로 설정한다.

한편, 명령문 형식으로 얼마나 많은 문법을 가르칠 수 있을지에 대해 의문을 갖는 교사들도 많다. 그러나 Asher는 명령문을 통해서 모든 문법을 가르칠 수 있다고 주장하였다. 다음은 명령문을 사용하여 과거 시제를 교수하는 수업의 예이다.

Teacher : Ingrid, walk to blackboard.
(Ingrid gets up and walks to blackboard.)
Teacher : Class, if Ingrid walked to blackboard, stand up.
(The Class stands up.)
Teacher : Ingrid, write your name on the blackboard.
(Ingrid writes her name on the blackboard.)[1)]

1.2 전신 반응 교수법의 기반 이론

전신 반응 교수법은 다음 세 가지 학습 이론에 기반을 두고 있다.

첫 번째는 생체 프로그램(Bio-Program) 이론이다. 인간에게는 생체 프로그램이라는 것이 있는데 이에 따르면 뇌와 신경구조는 듣기가 먼저 선행되어야 말하기가 가능하도록 프로그램이 되어 있다는 것이다. 그렇기 때문에 구어를 듣고 이해하는 능력은 말하기 능력보다 먼저 개발되어야 한다는 것이다. 어린이들이 모국어를 습득하는 과정을 살펴보면 먼저 부모나 주변의 어른들의 말을 들으면서 듣기 능력을 먼저 개발한다는 것을 알 수 있다. 오랜 기간 동안 듣기 능력을 축적시킨 뒤 말문을 여는 것이다. 외국어 습득에도 이와 같은 원리가 적용될 수 있으므로 말하기보다 듣기가 우선되어야 한다는 것이다. 따라서 듣기 능력을 개발한 후에 말하기 연습을 하는 것이 더 효과적이라는 것이다.

두 번째는 뇌 기능의 측면화(Brain Lateralization) 이론이다. 인간의 뇌는 좌측과 우측이 서로 다른 기능을 하는데 우뇌의 활동이 좌뇌의 활동보다 앞선다는 것이다. Asher(1977)는 언어 활동이 좌측 뇌에서 이루진다고 주장하는 다른 교수법과는 달리 Piaget의 연구 결과를 기초로 하여 언어 습득은 우측 뇌의 활동에 의해서 이루어진다고 주장하였다. 신체가 움직일 때 우측 뇌가 활성화되므로 언어 습득을 용이하게 해 준다는 것이다. 외국어 습득도 이와 마찬가지로 교사의 명령에 따라서 학습자가 신체적으로 반응하면 우측 뇌가 활성화되어 언어 습득을 도

1) Larsen-Freeman(2000) 참고.

와주게 되기 때문에 언어 학습 시에 행동을 함께 하는 것이 좋다는 것이다. 그리고 신체적인 동작을 통해 습득된 언어는 더 오래 기억에 남게 된다는 것이다. 따라서 듣기 이해력은 교사의 명령에 대한 학습자의 신체적인 동작 반응을 통해 개발되어야 한다고 주장한다.

세 번째는 긴장감 완화(Reduction of Stress) 이론이다. 언어를 성공적으로 습득하기 위해서는 학습자의 긴장감을 줄이는 것이 중요하다는 것이다. 그러므로 학습자가 말할 준비가 될 때까지는 말하기를 강요하지 말아야 한다. 어린이들이 모국어를 습득할 때 언어에 대한 긴장감이 전혀 없는데 반해 성인들이 외국어를 배울 때는 종종 말하기에 대한 긴장감이 촉발되곤 한다. 하지만 긴장감을 줄일수록 학습 효과가 좋아진다.

2 이론적 배경 및 역사

전신 반응 교수법은 구조주의, 발달 심리학, 기억 흔적 이론, 인본주의 심리학을 이론적 배경으로 하고 있다. 그 중에서도 기억 흔적 이론과 인본주의는 전신 반응 교수법의 주요 개념의 바탕이 되는 이론이다. 이제부터는 기억 흔적 이론과 인본주의 심리학에 대해서 간단히 살펴보도록 하겠다.

2.1 기억 흔적 이론

행동주의 심리학에서는 어떤 자극에 대해 생체가 나타내는 특정 반응의 결합으로 학습이 이루어진다고 하였다. 행동주의적 관점에서 볼 때 전신 반응 교수법에서 교사의 명령은 자극이 되고 교사의 명령에 대한 학습자의 행동은 반응이 된다. 단어나 구, 문장 등의 구두 자극에 대한 학습자의 반응은 말하기를 통해서가 아니라 학습자의 신체적 움직임에 의한 행동으로 나타난다.

명령에 대한 신체적인 활동은 뇌에 흔적을 남기고 기억과 회상에 도움을 주는데 이를 기억 흔적 이론이라고 한다. 전신 반응 교수법은 학습 자극에 대해서 신체적으로 반응하기 때문에 장기 기억의 효과가 있다고 하는데 이것은 기억 흔적 이론과 관련성이 있다.

2.2 인본주의 심리학

인본주의 심리학자들은 인간을 행동의 주체로 보았다. Rogers(1975)는 인본주의 심리학자 중의 한 사람으로 '내담자 중심 심리 치료(client-centered therapy)'라는 상담 이론을 제안하였다. 그는 상담은 상담자가 아닌 내담자 중심으로 이루어져야 하며 내담자가 편안한 분위기에서 상담을 할 수 있어야 효과적이고 인간에게는 육체적, 인지적 면만 있는 것이 아니라 정의적인 면도 있다고 하였다. 그리고 인간의 여러 면 중에서 정의적인 면을 가장 중시하였다. Rogers에 따르면 인간은 자신을 발전시키는 방향으로 적응하는 능력을 가지고 있다. 또한 인간은 '충분히 기능하는 인간(fully functioning person)'이 되기 위해서 노력한다. 그러므로 정서적으로 편안한 상태에서 인간관계를 형성할 수 있는 심리적 환경이 마련되었을 때 인간은 충분히 기능하는 인간이 될 수 있다고 하였다. Rogers의 이러한 사상은 Asher에게 많은 영향을 끼쳤다. Asher는 학습자가 학습에 대한 긴장감이 없을 때 학습 능력이 최대화되며 효과적으로 언어를 습득할 수 있다고 하였는데 이는 인간이 심리적으로 안정되어 있을 때 충분히 기능하는 인간이 될 수 있다고 한 Rogers의 주장과 일치한다.

인본주의 심리학의 학습자 중심 사상은 전신 반응 교수법 외에 암시적 교수법, 공동체 언어 학습법, 침묵식 교수법에도 영향을 미쳤다.

3 수업 적용상의 특징과 장점

전신 반응 교수법은 구조주의를 바탕으로 하고 있기 때문에 이 교수법에서 중요시하는 것은 어휘와 문법이다. 그러나 기계적으로 어휘와 문법의 형태적인 면을 연습하지 않고 의미에 더 초점을 두고 있다. 의미를 중심으로 하되 이를 반복적으로 연습하면서 자연스럽게 어휘와 문법을 익히게 하는 것이다. 그러므로 전신 반응 교수법은 귀납적 학습 방법이라고 할 수 있다. 전신 반응 교수법을 적용하여 수업을 진행하였을 때 얻을 수 있는 장점은 다음과 같다.

첫째, 전신 반응 교수법은 교사의 명령에 대하여 신체가 반응하기 때문에 장기 기억에 효과가 있다. 인간은 하나의 감각만을 통한 것보다 오감을 통한 것을 더 오래 기억한다. 학습자는 자신이 이해한 것을 행동으로 직접 수행함으로써 학습 내용을 단기 기억에서 장기 기억으로 전환시킬 수 있는 것이다. 장기 기억에 대한 효과는 Asher(1969)에서 증명되었다.

Asher는 청화식 교수법과 전신 반응 교수법을 비교하는 실험을 하였다. 이 실험에 따르면 듣기와 말하기를 동시에 교수했던 통제 집단보다 러시아어를 듣고 행동으로 반응했던 실험 집단이 기억력 검사에서 더 높은 점수를 받았다.

둘째, 전신 반응 교수법은 정의적인 측면에서 장점을 가진다. 학습자는 교사의 명령에 대해서 신체로 반응을 하기 때문에 말하기에 대한 부담이 적다. 또한 학습자는 교사의 발화를 완전히 이해하지 못했다 하더라도 동료 학습자의 행동을 보고 따라할 수 있기 때문에 다른 교수법 수업에 비해 이 교수법 수업에서는 부담이 적다고 할 수 있다. 그렇기 때문에 학습자들은 심리적으로 편안한 상태에서 수업에 참여할 수 있다.

셋째, 전신 반응 교수법에서는 학습 내용을 이해하기가 쉽다. 수업 시간에 교사는 교육 내용을 제시할 때 발화와 함께 행동으로 시범을 보인다. 이 경우 필요하다면 실물 자료도 함께 사용한다. 그렇기 때문에 학습자들은 배울 내용을 쉽게 이해할 수 있다.

넷째, 전신 반응 교수법은 학습자들의 흥미를 유발시킬 수 있다. 교사에 의해 진행되는 수업은 자칫 지루해지기 쉬운데 전신 반응 교수법은 학습자들로 하여금 신체로 직접 반응을 하게 하므로 지루하지 않고 재미있게 수업을 할 수 있다.

다섯째, 전신 반응 교수법은 학습자에게 성취감을 느끼게 한다. 학습자는 수업 시간에 교사와 동료 학습자의 시범을 본 후에 자신들이 직접 교사의 발화에 맞추어 행동을 한다. 교사의 발화에 대해 올바른 행동을 했을 때 학습자들은 자신이 무엇인가를 해냈다는 성취감을 느끼며 이러한 성취감은 언어 학습에 대한 동기를 부여한다.

4 수업 적용상의 단점 및 문제점

전신 반응 교수법을 적용하여 수업을 진행했을 때의 문제점은 다음과 같다.

첫째, 전신 반응 교수법은 학습 초기에는 듣기 기능을 강조하고 말하기는 자연스럽게 이루어질 때까지 미루어둔다. 이러한 특징으로 인해 언어의 4가지 기능이 고른 발달을 하지 못할 가능성이 있으며 듣기를 제외한 다른 기능에 대한 학습 기회가 상대적으로 줄어든다.

둘째, 전신 반응 교수법은 추상적이고 높은 수준의 언어를 가르치는 데에 한계가 있다. 이 교수법은 실물 자료를 이용하고 행동을 통해서 의미를 전달하고 이에 대한 모방, 반복이 학습의 주된 방법이다. 그런데 추상적인 의미는 행동으로 전달하기가 어려우며 높은 수준의 언어를 가르쳐야 하는 경우 교사가 복잡한 명령문을 구성할 수 있느냐가 문제가 된다.

셋째, 전신 반응 교수법은 소극적인 학습자에게는 효과가 적다. 소극적인 학습자들은 수업 시간에 신체 반응을 통해서 자신의 이해도를 나타내는 것에 대해서 부끄러워할 수 있다.

넷째, 듣기 연습이 얼마 동안 이루어져야 자연스럽게 말하기로 전이될 수 있는가, 전이된 말하기가 얼마나 유창하고 정확할 것인가에 대한 의문이 제기될 수 있다.

5 적용 가능 영역

지금까지 전신 반응 교수법의 개념, 이론적 배경, 장단점 등에 대해서 알아보았다. 이제부터는 전신 반응 교수법의 교수 절차, 교수 기법, 수업 시 주의해야 할 점에 대해서 살펴보도록 하겠다.

5.1 교수 절차

Romijin & Seely(1989)는 전신 반응 교수법의 효과적인 교수 절차를 다음과 같은 7단계로 제시하였다.

1단계 : 상황 설정(setting up)
↓
2단계 : 교사의 시범 교수(initial demonstration of series)
↓
3단계 : 그룹 활동(group live action)
↓
4단계 : 옮겨 쓰기(written copy)
↓
5단계 : 구두 반복과 질의 응답(oral repetition and question / answer period)
↓
6단계 : 학습자 파악하기(student reading)
↓
7단계 : 연습(practice)

▶ 전신 반응 교수법의 교수 절차

첫 번째 단계에서는 먼저 상황을 설정한다. 교사가 어떤 상황을 설정하느냐에 따라서 학습자의 흥미나 동기가 달라질 수 있으므로 상황 설정에 유의해야 한다. 상황은 학습자가 일상생활에서 쉽게 접할 수 있는 상황이어야 하며 교실에서 쉽게 사용할 수 있는 실물과 행동을 중심으로 상황을 설정할 필요가 있다.

두 번째 단계에서는 교사가 직접 시범을 보인다. 교사는 말과 함께 행동을 한다. 교사가 시범을 보일 때 학습자는 따라하지 않고 교사의 말과 행동을 들으면서 보기만 한다. 교사의 시범은 학습자들이 의미를 이해할 때까지 반복되어야 한다. 이때, 교사를 도와주는 시범 학습자가 있다면 그 학습자와 함께 시범을 보여도 좋다.

세 번째 단계는 그룹 활동으로 학습자들은 이 단계에서 교사의 발화대로 신체적 반응을 한다. 교사의 발화를 듣고 직접 신체로 반응함으로써 학습자들은 이해능력을 향상시키고 목표 내용의 의미를 확실히 인지할 수 있게 된다.

네 번째 단계에서는 교사가 발화한 것을 옮겨 쓴다. 교사는 학습자들이 목표 내용을 이해하였다고 판단되면 구어로 연습한 것을 문자화하여 학습자들에게 제시한다. 문어로 제시함으로써 학습자들은 학습한 내용의 의미를 재인지할 수 있다.

다섯 번째 단계에서는 구두를 통해서 반복을 하고 교사의 질문에 대해서 학습자는 대답을 한다. 또한 문자화하여 제시한 내용을 따라 읽게 한다. 따라 읽기를 할 때 학습자들이 어려워하는 발음이나 어휘들을 점검하며 학습자의 장기 기억력을 높이기 위해서 질의응답 연습도 행동으로 답하도록 한다. 이 단계는 언어의 4가지 기능이 고루 분배되어 있지 못하다는 전신 반응 교수법의 단점을 보완할 수 있는 단계이기도 하다.

여섯 번째 단계에서는 학습자가 학습한 내용을 얼마나 이해했는지를 파악한다. 이 단계에서는 지금까지 교사의 명령에 대해 행동하던 것을 바꾸어서 학습자가 명령을 하고 교사가 명령에 따라서 행동을 한다. 학습자가 명령을 잘 하지 못할 경우, 학습 내용을 제대로 이해했다고 볼 수 없으므로 전체 활동으로 다시 연습을 시키거나 다른 학습자의 시범을 보게 한다.

마지막 일곱 번째 단계에서는 연습(practice)을 한다. 학습자들이 학습 내용을 완전히 이해하였다고 판단이 되면 학습자들끼리 짝활동을 통해서 서로 명령하고 행동으로 반응을 하도록 한다. 이 단계를 통해서 학습자의 학습에 대한 성취도를 높일 수 있다. 짝활동을 할 때는 역할극 등을 이용하여 수업을 좀 더 재미있게 구성할 수 있다.

5.2 교수 기법

위와 같은 7가지 교수 절차를 통해서 수업을 진행할 때 사용되는 주요 교수 기법을 Asher(1969)는 다음 세 가지로 제시하였다.

(1) 명령에 따라 행동하기

명령에 따라 행동하기는 전신 반응 교수법에서 가장 기본적인 것이다. 학습자들이 명령에 따라 행동할 때에는 단순히 순서를 암기해서 행동하지 않도록 교사가 순서를 바꿔가면서 명령할 필요가 있다. 그리고 명령문 제시는 한꺼번에 지나치게 많이 해서는 안 된다. 학습자들이 이해할 수 있는 정도에서 제시해야 하므로 세 가지 정도의 명령문이 가장 적절하다. 학습자들이 하나의 명령문을 이해한 후에 다른 명령문을 제시한다.

(2) 행동 순서

교사는 학습자들이 하나의 문장을 이해했다고 판단되면 연속된 문장을 주고 반응하게 한다. 이때 세수하기나 요리하기 등의 과제를 수행하는 순서를 단계별로 나누어서 학습자에게 명령문을 제시하여 하나의 과제를 완성할 수 있게 한다.

다음은 '빨래하기'의 예이다. 교사는 빨래하는 순서를 명령하고 학습자들은 이에 따라 행동한다. 이러한 단계를 통해서 하나의 과제를 완수하게 된다.

Carry the laundry basket to the laundry room.

→

Take the laundry out the basket.

→

Sort it by separating dark colors from light.

→

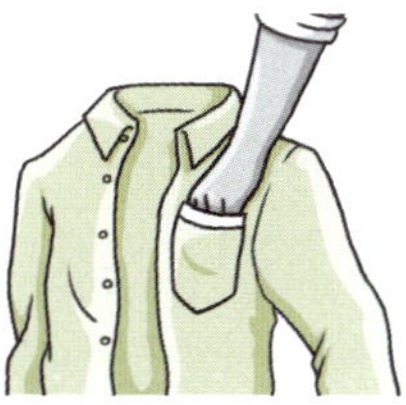

Check the pocket of the pants and shirts.

→

Put a load of laundry into the washing machine.

→

Adjust the settings on the machine.

→

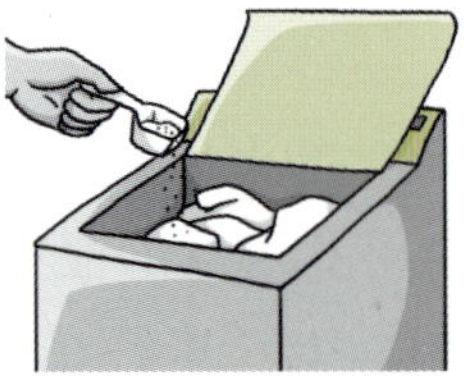

Put in the some detergent.

→

Turn the machine on.

(3) 역할 바꾸기

수업 시간에 명령을 하는 주체는 교사이고 학습자는 이에 대해서 신체적으로 반응하는 역할을 한다. 그런데 학습자들이 목표 내용에 익숙해졌다고 판단되면 명령하는 사람과 행동하는 사람의 역할을 바꾸어 수행한다. 학습자가 교사에게 명령을 하면 교사는 행동을 한다. 이러한 활동은 학습자의 이해 정도를 측정할 수 있게 해 준다.

5.3 수업 시 주의해야 할 점

전신 반응 교수법을 이용하여 수업을 구성할 때 교사의 역할은 매우 중요하다. 전신 반응 교수법 자체가 특정 교재를 지정하여 수업을 하는 것이 아니고 교사가 스스로 수업 전체를 준비하기 때문이다. 이런 이유로 Asher는 교사를 무대 감독에 비유하였다. 교사는 수업을 준비할 때 다음의 몇 가지 사항에 주의해야 한다.

교사는 수업을 하기 전에 수업에 대한 계획을 미리 짜 두는 것이 좋다. 수업 시간은 교사가 말하는 명령에 대한 학습자의 신체적 반응으로 이루어지는데 생각보다 빠르게 진행된다. 미리 수업을 계획하지 않으면 진행 속도에 맞추어서 교사가 명령을 할 수 없기 때문에 교사는 미리 수업 계획을 짜 두어야 한다. 그리고 학습자가 쉽게 이해할 수 있도록 실물 자료들을 많이 사용하는 것이 좋다.

또한 학습자에게 피드백을 제공할 때에는 어린이가 모국어를 습득하는 상황과 유사하게 제공해야 한다. 어린이가 처음 언어를 배울 때는 어린이가 잘못된 발화를 하더라도 부모나 주변 사람들이 이를 수정하려고 하지 않는다. 어린이가 범한 오류에 매우 관대하다. 그러나 어린이가 점점 커 감에 따라서 수정이 많이 이루진다. 이와 마찬가지로 학습자가 처음 언어를 배울 때에는 틀린 부분이 있더라도 그것을 허용해 줄 필요가 있다. 이것은 학습자의 정의적 측면과도 관련이 있는데 교사가 과도하게 수정을 하게 되면 학습자는 긴장을 하게 되고 말하는 것에 대해서 스트레스를 받거나 말하는 것을 두려워할 수 있다. 과도한 스트레스는 언어 습득에 장애가 된다. 그러므로 학습자의 언어 발달 단계에 맞추어서 피드백을 해야 한다.

전신 반응 교수법은 특정한 교재 없이 교사의 계획에 따라서 수업이 진행되기 때문에 자칫 잘못하면 교사 중심의 수업이 될 수 있다. 따라서 교사 중심의 수업이 되지 않도록 유의해야 한다. 교사는 학습자에게 목표어를 많이 노출시켜 주고 많은 학습의 기회를 제공하는 것이 자신의 가장 중요한 역할임을 잊지 말아야 한다.

제7장 암시 교수법(Suggestopedia)

1 개념

암시 교수법은 인간의 무한한 잠재 능력은 연상을 통해서 개발될 수 있고, 신념 체계 내에서는 마음의 기능이 중요한 역할을 한다는 데에 기본 원리를 둔 교수법이다. 적극적이고 안락한 분위기 속에서 연상의 힘을 받으면 학습이 효율적으로 이루어진다는 신념에 바탕을 두고 있다.

수업은 귀납적인 방법을 통해서 이루어진다. 학습자들이 클래식 음악을 배경으로 편안한 의자에서 수업을 받으면서 심리적인 안정을 취하는 것이 가장 큰 특징이다.

이 교수법의 창시자인 Lozanov(1978)는 학습의 주요한 목적은 암기가 아니라 문제의 이해와 창조적인 해결에 있다고 하였다. 암시교수법을 통하여 학습자는 단지 언어 교수뿐만 아니라 건강, 사회적, 정신적 관계 그리고 다른 면에서의 성공 등도 부수적으로 얻을 수 있는 장점이 있다고 주장하였다.

2 이론적 배경 및 역사

1970년대에 긍정적인 평가를 받았던 암시 교수법은(Suggestopedia)[1]은 불가리아의 심리치료사인 Lozanov(1979)가 인간의 무의식에 대해 체계적으로 연구한 암시학(Suggestology)을 기반으로 개발된 교수법이다. 이 방법은 대부분의 외국어 학

1) 암시 교수법(Suggestopedia)은 암시(Suggestion)와 교수법(pedagogy)의 준말이다.

습 분야에서 사용되었던 방법과는 상당히 다르다. 학습자들의 정서적 필터(affective filter)의 기능을 중시하여 학습자들의 심리적 안정성을 가장 중요시했다. 인간의 의식적인 수준뿐만 아니라 무의식적인 마음의 수준에서도 함께 학습을 도모하는 것이기 때문에 Lozanov는 암시적 교수법이 기존의 다른 교수법보다 훨씬 빠른 학습 효과를 거둘 수 있다고 주장하였다.

학습자들이 편안하고 자신감 있는 수업을 할 수 있는 물리적인 환경과 분위기가 이 교수법의 가장 핵심적인 요소가 되기 때문에 음악, 미술 등을 포함하여 훈련 받은 교사들이 다양한 교수 방법을 사용하게 된다. 무엇보다도 학습자들이 수업 시간에 학습한 내용들을 오랫동안 기억 속에 남기기 위해서는 편안한 마음이 중요하고, 이러한 상태를 유지하는 데에는 바로크 음악과 같은 1분에 60박자의 독특한 리듬을 갖는 음악이 사용되었다. 편안한 상태는 마음의 집중을 가져오기 때문에 연상법을 이용하여 인지적인 영역과 감정적인 영역을 함께 발달시킬 수 있도록 하였다. 따라서 학습자들이 편안한 마음으로 학습에 임하여 학습에 방해가 될 수 있는 요인들을 제거하여 무의식적인 연상이 가능하도록 한다.

Lozanov의 추종자들은 어휘, 읽기, 대화, 역할극, 연극 등의 전형적인 학습 활동의 실험을 통해 암시 교수법을 외국어 학습에도 적용하였다. 기존의 교수법과 그렇게 크게 다르지는 않지만 고전 음악이 들리는 가운데 학습자들이 편안한 의자에 앉아서 긴장하지 않고 수업을 한다는 점만이 다르다. 이 교수법에서는 교사가 주도적인 역할을 하지만 긴장감을 최소화시킨 상태를 유지하려고 노력하며 가능한 한 편안한 상태가 지속되도록 돕는다.

Lozanov가 교사들이 꼭 갖추어야 할 중요한 요소로 다음의 사항을 지적하였다.

① 다양한 학습 자료들을 준비해라.

② 암시 교수법의 방식으로 자료를 구조화하라. 이때, 제시와 설명은 전체와 부분의 균형을 맞춰라.

③ 전문가로서 한편으로는 개성을 드러내고, 또 한편으로는 명망 있고, 신뢰가 가도록 해야 한다.

④ 교사는 100% 긍정적인 결과를 기대해야 한다.

⑤ 교사는 감정적으로가 아니라 인간으로서 학습자를 사랑해야 하고 게임, 노래, 그리고 다른 형태의 예술, 즐거움을 통해서 개인적인 참여를 가르친다.

3 수업 적용상의 특징과 장점

남성우 외(2006)에 의하면 암시 교수법에서 하나의 과정은 30일을 단위로 구성이 된다. 이러한 단위는 3일을 주기로 반복하며 3일간의 수업은 세 단계로 구성된다. 교사와 학습자가 학습 내용을 토론하는 구두 복습 부분(oral review section), 본 학습(text-distribution ceremony), 모임(session) 또는 연주회(concert)로 이루어진다. 이러한 수업의 단위를 'suggestopedia cycle'이라고 부른다. 연상 교수법에 의한 집중 학습을 할 때는 하루에 4시간씩 일주일에 6일간 계속된다. 또한 초급 단계는 학습 내용이 10단위로 나누어져 있고 각 단위는 긴 대화 75문장 이상으로 이루어져 있다. 각 단위는 6시간을 필요로 하며 총 60시간 동안 2천 개의 단어를 학습하게 한다. 학급 구성은 성비를 맞추어 소규모로 10명 안팎으로 이루어지는 것이 이상적이다.

암시 교수법의 특징은 다음과 같다. 첫째, Lozanov는 사람들은 권위 있는 곳에서 나온 정보들을 가장 잘 기억하고 많은 영향을 받기 때문에 교사를 가장 권위 있는 사람으로 기술하였다. 그러나 암시 교수법에서 교사는 자연스럽게 노래나 게임 등의 활동에 참여하는 동료처럼 행동해야 한다. 교사의 권위로 수업을 통제하지만 지시하는 행동을 하지 않는다.

둘째, 기계적인 연습 없이 편안한 분위기 속에서 음악과 함께 대화를 듣는다. 성인 학습자는 역할극, 게임, 노래, 체육 등에 참가함으로써 아동의 역할을 하게 되고 이러한 활동들은 성인 학습자들이 자신감과 수용적인 태도를 갖도록 돕는다.

셋째, 직접적인 교수의 효과뿐만 아니라 교수 환경, 즉, 교실의 밝은 분위기, 배경 음악, 의자 형태가 중요하다. 수업은 바로크 시대 음악과 같은 듣기 편한 음악을 배경으로 하여 편안한 의자에 앉아서 한다. 긴장감을 풀 수 있도록 거실과 같은 분위기를 낸다. 이러한 교실의 장식, 가구의 배치, 교사의 권위 있는 행동들이 특징이 되며 교사의 인격을 교육 자료 자체로 중요시 여긴다.

넷째, 억양, 리듬 그리고 수동성이다. 언어 자료를 다양한 음조와 리듬으로 변화시키는 것은 반복의 단조로움에서 나오는 지루함을 없애는 데 도움을 준다. 이때 언어 자료의 속도는 음악의 리듬에 맞춰 제시된다. 교실에서 공부한 후 아침, 저녁 20분씩 읽은 후 대화의 내용을 듣기, 읽기, 회화에서 사용하도록 한다.

다섯째, 교사는 오류를 수정하지 않는다. 분석을 하지 않고 귀납적인 방법을 택하여 학습자 스스로 깨닫게 한다.

이러한 암시 교수법은 종전의 교수법과는 달리 대뇌의 좌반구와 우반구 양쪽 활동을 조화롭게 사용하도록 하여 장기 기억에 도움이 되도록 한다. 무엇보다도 학습자들의 심리적 상태를 고려한 학습자 중심의 수업이라는 장점을 갖는다.

4 수업 적용상의 단점 및 문제점

암시 교수법은 다른 어떤 교수법보다 많은 비난을 받았다.

첫째, Schovel(1979)은 Lozanov의 교수법 효과에 의문을 제시하였다. 일반 언어 교실에서는 이에 적합한 환경을 조성하기 어렵다는 점을 지적하였다. 편안한 음악과 의자가 준비되지 않는다면 진행하기 어렵다는 단점이 있으며 학습자들의 전인적인 접근을 강조하므로 학습자 수가 많은 일반 학급에서는 실시하기 어렵다는 점도 단점으로 지적할 수 있다.

둘째, 학습 효과를 높이기 위해서 신뢰도가 높고 외국어에 능통하고 감수성, 예술적인 교양을 두루 갖춘 교사가 필요하다. 교사는 이 교수법의 이론적·기술적 측면뿐만 아니라 실행적 방법론까지도 정확하게 이해해야 한다. 또한 편안하고 재미있게 운영해 가야 하기 때문에 다양한 테크닉을 구사할 수 있어야 한다. 그러나 여러 가지 방법을 제대로 적용할 수 있는 유능한 교사 양성과 교수법에 맞는 교재를 구성하기가 어렵다.

셋째, 학습자가 대화에서 암기해야 할 새로운 단어를 많이 접하며 학습 단계가 빠르게 진행된다. 수업의 내용 면에서는 심리적 안정감을 통해 지식을 내재화함으로써 수업 내용을 장기 기억화할 수 있다고 주장하나 결국 이 교수법에서는 암기를 통한 언어 학습을 강조하고 있다.

넷째, 암시의 효과, 음악의 효과, 깨어 있는 무의식 상태에서의 학습 능력의 신장 등이 과학적으로 증명되지 않았다. Lukesch(2000)는 암시 교수법이 과학적인 연구의 토대가 결여되어 있다고 지적하고, 심리학자들 사이에서도 사이비 과학(pseudoscience)이라는 비판을 받았다. 무의식적인 부분도 함께 다루기 때문에 이 방법은 최면 혹은 인간에 깊은 영향을 주는 방법들도 포함되어 있다고 비평하는 학자들도 있었으나 Lozanov는 강하게 최면, 숨쉬기 운동, 뇌를 위한 알파파 등을 사용하는 등의 기법은 사용하지 않는다고 주장하였다. 학급을 나눌 때 학습자의 적성이나 다른 변인들은 고려하지 않는다.

다섯째, 교사가 권위를 가지고 통제하기 때문에 아동화를 요구받게 되는 성인 학습자의 경우에는 이를 수용하기 어렵다는 문제점도 제기되었다. 또한 교사가 권위적으로 수업을 통제하므로 교실 밖에서 교사와 학습자 간에 인간적인 관계 성립이 어렵다.

5 적용 가능 영역

암시 교수법은 여러 단점이 제시되었음에도 불구하고 이 교수법은 부분적으로 활용할 수 있다. 편안한 음악이나 편안한 자세를 통해 학습자들이 긴장을 풀고 수업에 임할 때 학습자들은 자신감을 얻을 수도 있다. 역할극, 연극 등의 수업에서 유의적 상호작용을 이끄는 데에 도움을 줄 수도 있다.

암시적 교수법의 수업 방식을 크게 4단계로 구분하여 간단히 수업에 대한 예시를 하면 다음과 같다.

도입
• 문법과 어휘 소개(비분석적으로 흥미 유발하도록) • 학습자들은 편안하게 문법, 어휘에 주의를 기울여 기학습한 내용 복습 혹은 질문과 응답 • 목표어 혹은 모국어로 수업 가능

↓

음악 시간
- 음악을 배경으로 하고 천천히 낭독(교사)하기
- 억양을 살려 읽고 따라 하기
- 혹은 수동적으로 낭독 내용 듣기(학습자)
- 다음 음악을 들을 때 정상 속도의 대화로 낭독하기
- 학습자는 책을 덮고 내용 듣기

↓

설명
(드라마, 노래, 게임 활동을 통해 설명)

↓

말하기
(자유로운 분위기 속에서 오류 수정 없이 목표어로 상호작용)

제8장 의사소통식 교수법 (Communicative Language Teaching)

1 개념

의사소통식 교수법은 언어의 의사소통 기능과 사용을 중시하는 교수법으로 '기능적/의미적' 교수법이라고도 부른다. 1970년대에 이르러 외국어 교육계에서는 학습자들이 실제 의사소통 상황에서 외국어를 사용하는 능력이 부족한 것이 중대한 문제로 지적되었다. 그 후 언어교수 학자들은 언어 구조와 어휘가 아닌 의사소통적 측면을 강조하게 되었다.

의사소통식 교수법에서는 언어의 의사소통 기능에 중점을 두고 그 기능을 토대로 한 새로운 접근을 시도하며, 구조에 대한 정확한 지식보다는 의사소통을 위한 유창성을 강조한다. 이 교수법에서 언어는 의미 표현 체계이며 언어의 주된 기능은 상호작용과 의사소통이다. 언어 구조는 기능적·의사소통적 상황을 반영해야 하며 언어의 주요 단위는 기능적·의사소통적 의미 범주 내에 있다. 이 교수법은 실제 의사소통 활동과 의미 있는 과제를 통한 언어 사용 활동이 학습 효과를 향상시킬 수 있다는 원리와 유의미한 학습이 학습 효과가 크다는 원리를 내세우고 있다.

이 교수법은 학습자 개개인의 필요성을 중시하는 학습자 중심의 방법론이다. 따라서 먼저 학습자의 필요성을 파악하고 그에 맞는 언어 형태를 제공하는 것이 중요하다. 학습자의 필요성을 결정하는 근거로는 학습자가 직면하게 될 특수 상황, 학습자가 담당하게 될 역할, 학습자가 필요로 하는 과제, 학습자가 필요로 하는 언어 기술 등이 있다. 이와 같은 필요성을 고려할 때 의사소통식 교수요목은 구조적 교수요목과 함께 병행하여 구성되는 것이 효과적이다. Widdowson(1978)

은 구조적 교수요목을 발전시켜 개념적 교수요목(notional syllabus)을 제시하였다. 학습자는 이와 같은 복합적 교수요목을 필요로 하는데, 교사는 초급단계에서는 구조를 강조하며 중급에서부터 의사소통적 기능을 강조하는 것이 좋다.

Morrow(1979)는 의사소통식 교수법의 원리를 다음과 같이 제시하고 있다.

① 학습자가 행한 것은 모두 외국어로 말할 수 있도록 유도한다.
② 의사소통 과정이나 결과는 실제 단어의 연결이나 집합의 연결보다 크므로 교사는 광범위한 의사소통 과정을 학습자가 스스로 터득할 수 있도록 유도한다.
③ 학습자가 스스로 정보를 구하고 선택하며 두뇌의 내재적 귀환 작용이 될 수 있도록 교사가 유도한다.

따라서 의사소통 교수 모형은 학습자 중심의 언어 경험 활동이 주가 되는 모형이다. 학습자는 계속적인 대화를 통해서 언어를 이해하고 활용한다. 만약 학습자가 초보라면 단순한 수준에서 일상생활에서 사용되는 언어를 사용하여 학습자의 경험을 표현하도록 해야 한다. 화자가 청자로부터 어떤 필요한 정보를 구할 수 있도록 해야 한다. 듣기는 말하기보다 먼저 습득되어야 하며 이해를 통하여 들은 것을 확인할 수 있어야 한다.

Canale & Swain(1980)은 의사소통 능력이 다음의 네 가지 요소로 구성되어 있다고 주장한다.

① **문법적 능력(grammatical competence)** : 문법적 능력은 언어기호 체계의 숙달과 관련된 것으로 발화문의 의미를 정확하게 이해하고 표현하는 데 요구되는 음운적, 통사적, 의미적 지식을 통칭하는 것이다. 단순히 음운적, 통사적, 의미적 지식 자체를 말하는 것이 아니라 이들의 활용을 위한 능력을 가리키는 것으로 실제 발화의 의미를 정확하게 이해하고 표현하는 데 필요한 능력이다.
② **사회 언어적 능력(sociolinguistic competence)** : 사회 언어적 능력은 각기 다른 사회 문화적인 상황에서 발화문을 적절하게 표현하고 이해하는 것과 관련이 있다. 이는 실제 의사소통에서 발화가 갖는 정확성보다는 발화가 실

제로 적절하게 이루어졌는지를 중요하게 생각하는 것이다. 즉, 화용적인 측면에서 언어를 다루는 능력을 의미한다.

③ **담화능력**(discourse competence) : 담화능력은 구어로든 문어로든 간에 하나의 독립된 화제를 구성하기 위해 문법적인 형태와 전달하려고 하는 의미를 어떻게 연결하느냐에 관한 지식이다. 일관성(coherence)과 응집성(cohesion)으로 이 능력을 더 잘 설명할 수가 있다. 일관성은 담화를 구성하는 발화들의 의미적인 연결을 가리키고 응집성은 대명사, 생략, 접속사 등과 같이 담화의 맥락을 이어주는 언어적 장치를 나타낸다.

④ **전략적 능력**(strategic competence) : 전략적 능력은 언어수행 변이 때문에 실제적 의사소통 과정에서 중단이 생기는 것을 보상하며 의사소통의 효율을 높이기 위해 필요한 능력이다. 언어 능력이 충분하지 못한 경우에 발생하는 문제점을 극복할 수 있는 언어적, 비언어적 전략을 가리킨다. 이 능력은 문법적 능력뿐 아니라 사회 언어적, 담화적 능력의 신장에도 활용된다고 볼 수 있다.

Richards & Rodgers(1995)는 언어기능과 상호작용이 중시되는 의사소통식 교수법의 언어이론을 다음과 같이 특징지었다.

① Language is a system for the expression of meaning : 언어는 의미를 표현하기 위한 체계이다. 의사소통을 위해서는 전달하고자 하는 의미가 중시되어야 한다.

② The primary function of language is for interaction and communication : 언어의 주된 기능은 상호교류와 의사소통이다. 언어는 의사를 전달하고 표현하는 도구로서 의미전달을 위한 의사소통의 수단이다.

③ The structure of language reflects its functional and communicative use : 언어 구조는 언어기능과 의사소통을 위해 사용된다. 언어는 사과, 설득, 인사, 칭찬 등의 언어기능을 수행하는 의사소통의 도구로 사용된다.

④ The primary units of language are not merely its grammatical and structural features, but categories of function and communicative meaning as exemplified in discourse : 언어의 단위는 구조적 범주가 아

니라 언어기능과 의미의 범주에 의해 결정되며 언어의 주요기능은 상호작용과 의사소통이라고 할 수 있다.

2 이론적 배경 및 역사

2.1 의사소통식 교수법의 등장

의사소통식 교수법은 1960년대 후반 당시 영국에서 유행하고 있던 상황적 언어 교수법(situation language teaching)의 이론적 가설에 대해 영국의 응용언어학자들이 의문을 제기하는 가운데 미국에서는 청화식 교수법의 이론적 토대가 거부되면서 그 대안으로 등장하게 되었다. 한편, Wilkins(1976)는 언어학습자가 이해하고 표현하는 데 필요한 의사소통 활동의 의미를 분석하여 의사소통식 언어교육 프로그램과 교과서를 설계하는 데 큰 영향을 주었다.

1960년대 후반에 인지주의적 접근법의 입장을 취하는 사람들의 수가 점차 늘어난 것과 때를 같이 하여 '언어는 곧 의사소통'이라는 생각이 많은 연구자들의 호응을 받게 되었다. 이에 따라 교수법상의 구체적인 방법으로 의사소통능력[1]이라는 개념이 개발되고 이에 대한 관심이 높아지게 된 것이다. 이 관점에서 의사소통 능력을 언어교수의 목적으로 하고 언어와 의사소통의 상호 의존성을 인정하는 네 가지 언어기능을 지도하는 절차를 개발하는 데 목적을 둔 접근방법을 의사소통식 교수법이라고 할 수 있다.

의사소통식 교수법이 외국어 교육에서 많이 강조되고 있지만 현실 상황에서는 문법번역식 교수법과 청화식 교수법이 많이 적용되고 있는 것도 사실이다. 문법번역식 교수법은 문법, 독해, 번역을 중시하고 지적 개발과 외국어 작품의 읽기가 학습의 목표가 된다. 단어의 형태와 활용을 강조하며 정확성에 초점을 맞추어 평가 역시 내용의 정확한 이해에 두고 있다. 수업은 학습자의 모국어로 이루어지고 어휘와 문법이 중요시되어 별도로 소개된다. 이 교수법의 장점은 독해와 번역에

1) Hymes(1972) 참고.

효과적이며 교사의 목표어 구사능력이 뒷받침되지 않아도 된다는 점과 대단위의 학습자를 대상으로 평가 및 강의를 할 수 있다는 것이다. 한편 이와 같은 이유로 문법번역식 교수법은 의사소통의 측면에서는 비효율적 방법이 된다.

2.2 의사소통식 교수법의 등장 배경

문법번역식 교수법의 단점은 언어의 네 가지 기능 중 말하기, 듣기를 중요시하지 않기 때문에 학습자의 의사소통 능력을 높이는 데 거의 도움을 주지 못한다는 것이다. 또한 복잡한 문법 규칙과 어휘의 긴 목록을 암기해야 하므로 수업 자체가 지루하다고 여겨지게 된다. 결과적으로 학습자는 문법에 집중하여 공부하게 되나 장기간 외국어를 학습한 후에도 의사소통이 가능하지 않은 경우가 발생하게 된다. 이런 문제점 때문에 듣기와 말하기를 중요시하는 청화식 교수법이 등장하게 된다.

제2차 세계대전 이후 1960년대까지 청화식 교수법이 문법번역식 교수법을 대신하여 새로운 외국어 교육 방법으로 주목을 받았다. Nunan(1989)에 따르면 청화식 교수법은 문법번역식 교수법에 대한 반동으로 생겨난 교수법임에도 불구하고 문맥적 상황 없이 단어들을 개별적으로 학습한다는 점에서 문법번역식 교수법과 공통점을 가지고 있다. 청화식 교수법의 지지자들은 언어 습득을 습관 형성이라고 믿으며 따라서 이 교수법에서는 모방과 암기가 주된 학습활동이 된다. 그러나 청화식 교수법은 문법번역식 교수법과 비교해 볼 때 독해와 작문보다는 청취와 말하기에 초점을 두며 수업시간 중에는 철저히 학습자의 모국어 사용을 배제한다. 언어학습을 위해 대화를 암기하며 문형연습을 통해 오류를 최소화하는 것을 목적으로 하기 때문에 체계적이고 철저한 반복 연습을 한다. 카세트 테이프 등 시청각 자료를 이용하여 정확한 발음에 초점을 둔다.

Brown(2001)은 단순 반복에 의한 문형 연습이 실제 의사소통 능력을 개발하는 데 도움이 되지 않는다고 평가한다. 오히려 기계적인 반복과 과도한 학습이 학습자의 흥미를 저하시키는 역효과를 낳기도 한다는 것이다. 그는 또한 학습자의 모국어 사용을 전면적으로 금지하는 것과 문법 설명을 피하는 것이 반드시 효과적이 아닐 수도 있다는 점을 지적한다. 또한 그에 따르면 기계적 학습에 치중하여 잘 훈련된 앵무새 같은 학습자를 양성할 수는 있으나 생각할 여유 없는 단순한 현장 중심의 문형이나 문법 구조의 학습만으로는 고급 목표어를 습득할 수 없다. 청화식 교수법의 가장 큰 단점은 새로운 언어 상황에 대한 능동적 대응 능력이 결여되어 있어 실제 의사소통 상황에의 적용이 힘들다는 점이다. 따라서 이에 대한 반작용으로 1970년대 이후 의사소통 중심의 언어교육 이론이 대두되었고 이후로 제2언어 수업에서 의사소통식 교수 학습 활동이 강조되어 왔다.

Finocchiaro & Brumfit(1983)은 의사소통식 교수법과 청화식 교수법의 비교를 통해 의사소통식 교수법이란 무엇인지 잘 제시하고 있다. 이 비교에서는 반복적인 연습을 통한 언어 능력의 신장을 목표로 하는 청화식 교수법과 의사소통 능력 신장을 목표로 하는 의사소통식 교수법을 다음 22가지 관점에서 비교하였다.

▶ Finocchiaro & Brumfit(1983)의 청화식 교수법과 의사소통식 교수법의 비교

청화식 교수법	의사소통식 교수법
의미보다 구조와 형식을 중시	의미 중시
구조 중심의 대화 암기	의사소통 기능 중시, 암기는 중요시하지 않음
언어항목이 반드시 맥락화될 필요는 없음	맥락화가 중요함
언어학습은 구조, 소리, 단어의 학습임	언어학습은 의사소통을 위한 학습임
완전학습을 추구함	효과적인 의사소통을 추구함
연습(drill)이 주요 학습 도구임	연습은 하는 경우도 있으나 부수적임
원어민화자와 비슷한 발음을 추구함	이해가능한 정도의 발음을 추구함
문법 설명을 회피함	학습자에게 도움이 된다면 어떠한 방법도 허용함, 단 학습자의 나이, 흥미 등을 고려함
의사소통 활동은 철저한 연습과 훈련의 긴 과정을 거친 후에야 가능함	의사소통의 시도는 학습 초기부터 장려함
학습자의 모국어 사용을 금지함	필요 시 모국어 사용이 가능함
초기 단계에서는 번역을 금지함	학습자들이 필요로 하거나 도움이 될 경우 번역을 허용함
듣기, 말하기를 완전히 학습하기 전에는 읽기, 쓰기를 보류함	원한다면 첫 날, 첫 시간부터 읽기, 쓰기를 시작함

문형을 직접 가르침으로써 대상 언어의 체계를 학습함	의사소통을 위해 노력하는 과정 중 목표어의 체계를 학습함
언어 능력이 목표임	의사소통 능력이 목표임
언어의 다양성을 인정하나 강조하지 않음	언어의 다양성이 교재와 방법의 중심 개념임
단원의 순서는 언어의 복잡성의 원리에 따라 결정함	학습 순서는 흥미를 끄는 기능이나 의미 등에 의해 결정됨
교사는 학생을 통제함, 학생이 하고자 하는 내용이 이론에 배치될 때 금지시킴	교사는 학생이 언어를 사용하도록 자극할 수 있는 모든 방법을 동원하여 학생을 도와야 함
언어는 습관임, 오류는 반드시 방지해야 함	언어는 각 개인의 시행착오를 통하여 창조됨
형식상의 정확성이 목표임	유창성과 적절한 언어가 목표임, 추상적이 아닌 맥락상의 정확성을 추구함
학생들은 통제된 교재를 통해 언어체계와 상호작용함	학생들은 둘 또는 그룹 활동을 통한 직접 접촉이나 글을 통해 타인과 상호작용을 함
교사는 학생들이 사용할 언어를 명시함	교사는 학생들이 어떤 언어를 사용할지 정확히 말할 수 없음
내재적 동기는 언어의 구조에 대한 관심으로부터 비롯함	내재적 동기는 언어를 통해서 의사소통하고 있는 것에 대한 관심에서 비롯함

3 수업 적용상의 특징과 장점

3.1 의사소통식 교수법의 특징

의사소통식 교수법은 언어를 의미 전달의 수단으로 보는 관점에서 출발하기 때문에 언어의 단순한 문법적 규칙을 습득하는 것보다는 실제 의사소통 능력을 중시한다. 이 교수법의 구체적인 특징을 살펴보면 다음과 같다.

수업은 문법적·언어적 능력에 국한되지 않고 의사소통능력의 모든 요소에 집중된다. 언어 기술은 학습자가 유의미한 목적 하에서 화용적·실제적·기능적 언어 사용 활동에 참여할 수 있도록 구성되어야 하며 학습자는 궁극적으로 전혀 새로운 상황에서도 언어를 사용할 수 있어야 한다. 유창성과 정확성을 의사소통식 교수법의 기저에 놓여 있는 보충적 원리로 간주하며 학습자의 유의미한 언어 사용을 위해 때로 유창성이 정확성보다 중시된다.

이 교수법은 중간언어 이론을 수용하여 학습자의 발화 중 원어민과 다른 것은 틀렸거나 불완전한 언어로 간주하는 것이 아니라 시행착오와 가설검증의 점진적 과정을 거쳐 규범적인 언어체계에 근접해가는 과정으로 본다. 또한 실제 상황을 중시하여 학습 현장에서도 실제 상황을 설정하며 상호작용을 통한 의사소통을 강조한다. 특히 언어의 네 가지 기능을 듣기, 말하기, 읽기, 쓰기로 구분하지 않고 하나의 통합과정으로 설정한다.

이렇듯 효과적인 의사소통과 유의적인 학습을 강조하므로 이 교수법에서 연습(drills)은 주변적인 방법에 불과하다. 필요하다면 학습자 모국어의 적절한 사용도 허용되며 정확성보다는 유창성 발달에 초점을 맞춘다.

3.2 의사소통식 교수법의 장점

한편, Nunan(1989)은 의사소통식 교수법의 특성을 다음과 같이 제시하였다.

① 목표어를 메타언어(metalanguage)로 사용하여 의사소통 능력을 기르게 한다.
② 실제 상황을 언어학습에 활용한다.
③ 학습자로 하여금 언어 자체만이 아니라 학습과정에도 주의를 기울이게 한다.
④ 학습자의 개인적 경험을 향상시키는 것이 학습 과정에 중요한 역할을 한다.
⑤ 학급에서의 언어 학습을 교실 밖 실제 상황의 언어사용과 연결시킨다.

이처럼 의사소통식 교수법은 학습자의 요구에 따라 의사소통 기능 중심으로 교수요목을 구성하여 필요한 의사소통 능력을 기르게 한다. 즉, 학습자 중심으로 교수요목을 작성하고 학습자들이 말하고자 하는 의미를 효과적으로 전달하는 기술과 전략을 배우게 하며 많은 경험을 갖도록 수업을 유도한다. 또한, 이 교수법은 학습자를 학습 과정에 참여시킴으로써 높은 동기 부여를 가능하게 하며 학습에 도움이 되는 학습자 자신의 경험을 의사소통의 소재로 삼게 하여 유의미한 학습을 가능하게 한다.

의사소통식 교수법은 교수법뿐만 아니라 교수요목의 개발에 큰 공헌을 하였으며 구조적·상황적·기능적인 모든 요소를 고려하는 것이 효과적인 교수법 개발에 필요함을 역설하였다.

4 수업 적용상의 단점 및 문제점

의사소통식 교수법에는 다음과 같은 단점이 존재한다.

첫째, 의사소통식 교수법에서는 교재가 문법 구조보다 의사소통 기능에 따라 구성되므로 학습자들은 문법 구조를 혼동할 수 있다. 예를 들어, 학습자는 '요구하기'를 배울 때 명령문뿐만 아니라 다른 여러 문법 구조를 동시에 배워야 하므로 학습량에 대한 부담감이 크며 쉽게 혼동을 일으킬 수 있다.

둘째, 의사소통 상황 중심으로 수업이 이루어지므로 학습자는 자신의 역할, 화제, 상황 등에 대해 정확히 예견하기 어렵다.

셋째, 학습이 집단으로 이루어지므로 교사는 일반적인 의사소통 필요성을 강조하게 되며 따라서 각 개인의 의사소통 필요성을 충족시킬 수 없다.

넷째, 의사소통식 교수법은 문장 생성 능력 배양에 효과적이지 못하다. 문법번역식 교수법에서는 문법 습득이 의사소통의 필요성보다 우선적이었다. 그러나 의사소통 기능에 따라 교수요목을 구성할 때에는 다양한 표현에 대한 학습은 가능하나 등급에 따른 체계적인 문법 학습에는 많은 어려움이 따른다. 따라서 의사소통 행위를 강조한 교수요목은 문장 생성 능력 배양에 바람직하지 않다. 의사소통식 교수방법의 근본적 문제점은 문법 요소의 선택과 등급 결정에 적절한 기준이 없다는 점이며 의사소통 능력 습득만을 목표로 하여 학습한 학습자는 체계적인 문법 습득에 많은 어려움을 겪게 된다.

5 적용 가능 영역

의사소통식 교수법 교실에서는 전체적으로 다음과 같은 절차로 수업이 진행된다.

첫째, 교사가 실생활에 관련된 그림이나 읽기 자료 등을 학습자들에게 배부하고 학습자들은 그것을 본 후 상황이나 느낌을 이야기한다. 이때 구문의 정확성보다는 의미 전달에 중점을 두게 하는 것이 중요하다. 글을 읽을 때는 문장 단위가 아닌 담화 단위로 글을 읽으면서 이야기의 전체 전개를 이해하고, 논리적 전개와 전후 관계, 응집성 등을 생각하게 한다.

둘째, 자료를 읽거나 듣고 난 후 이야기를 중심으로 간단한 놀이를 하고 이에 대한 느낌을 말하게 하는데 이때 학습자들이 말하는 동안 오류를 범해도 중간에 말을 끊거나 고쳐주지 않는다.

셋째, 텍스트와 관계 있는 그림 자료나 이야기, 과제 등을 소집단별로 제공하고 역할놀이를 하게 한다. 학습자들 스스로 의미를 전달하는 데 역점을 두어 말하게 한다. 교사는 소집단별로 학습자들이 활동을 하는 데 어려움이 있으면 도와주고 질문에 답한다.

넷째, 마지막으로 교사는 시청각 보조 자료를 보고 듣는 연습을 하도록 학습자에게 개인 숙제를 부과한다.

이와 같은 의사소통식 교수법에서는 정보를 공유하며 의미에 대한 협상이나 상호작용의 과정을 통해 주어진 과제를 완수하는 데에 초점을 맞추는 것이 중요하다. 이제부터는 여러 연구자들이 분류한 의사소통 활동 유형을 중심으로 실제 적용할 수 있는 교수–학습 활동을 살펴보고자 한다.

(1) Littlewood(1981)의 활동유형

Littlewood(1981)에 따르면 의사소통 능력의 효과적 배양을 위해 학습자들이 유의해야 할 사항은 다음과 같다.

① 학습자는 가능한 한 고도의 언어능력(linguistic competence)을 습득해야 한다.
② 학습자는 언어능력의 구성요소인 구조와 기능의 차이를 구별해야 한다.
③ 학습자는 가능한 한 창조적으로 언어를 의사소통에 사용하는 기술과 전략을 개발해야 한다.
④ 학습자는 언어 구조와 함께 사회적 의미(social meaning)도 파악해야 한다.

이상의 사항들이 제대로 적용되기 위해서는 의사소통 활동이 체계적이며 단계적으로 제시되어야 한다. Littlewood(1981)는 다음과 같이 단계적 활동들을 제시하고 있다.

① 사전 의사소통 활동(pre-communicative activities)
- 구조적 활동(structural activities)
- 준 의사소통 활동(quasi-communicative activities)

② 의사소통 활동(communicative activities)
- 기능적 의사소통 활동(functional communicative activities)
- 사회적 상호작용 활동(social interaction activities)

먼저, 사전 의사소통 활동은 두 가지 단계로 제시되는데 첫 번째 단계에서는 주로 학습해야 할 언어구조에 중점을 두고 의사소통의 부분적 기술을(part-skills) 연습하게 한다. 이때, 교사의 지시나 도움을 필요로 하는 활동들이 제시되며 두 번째 단계에서는 구조적 활동단계에서 연습한 언어 형식에 기능적 의미를 연결시키려는 활동, 즉 실제적 의사소통 활동은 아니지만 그것에 준하는 의사소통 활동이 제시된다. 여기서 주의해야 할 점은 교사의 역할이 '지도자(instructor)'가 아니라 '촉진자(facilitator)'가 되어야 한다는 것이다. 교사는 학습자가 자신의 의사를 표현하고자 하는 동기와 기회를 부여하고 도와주는 역할을 하여 학습자의 의사소통 활동이 원만하게 이루어지도록 유도해야 한다.

다음으로 의사소통 활동의 유형은 기능적 의사소통 활동과 사회적 상호작용 활동으로 구분되어 제시된다. 기능적 의사소통 활동의 주요 목표는 가능한 한 학습자들이 알고 있는 언어를 사용하여 의미를 효과적으로 전달할 수 있도록 하는 것이며 사회적 상호작용 활동은 기능적인 활동에 사회적 맥락이라는 차원이 첨가된 것이다. 기능적 의사소통 활동의 단계는 다음과 같다.

① 교사의 제한된 협력을 요하는 정보를 공유하는 활동(sharing information with restricted cooperation)

② 교사의 제한된 협력을 탈피해 학생 중심의 독립된 형태 속에서 정보를 공유하는 활동으로 발전이 되는 활동(sharing information with unrestricted cooperation)

③ 모든 정보를 스스로 공유하고 진행해 나가는 활동(sharing and processing information)

④ 수집된 모든 정보들을 분석하고 처리하여 새로운 지식을 창출하는 활동(processing information)

한편, Littlewood(1981)는 문제 해결 활동의 원리에 입각한 네 가지 교실활동을 다음과 같이 제시하고 있다.

① **그림 알아맞히기** : 비슷한 내용이지만 서로 다른 특징을 가진 두 그림을 두 학습자가 각각 나눠 가진 후 A가 가진 그림의 내용에 대해 B가 질문하여 A가 어떤 그림을 가지고 있는지 알아맞히는 활동이다. 이 활동에서 학습자들이 필요로 하는 어휘는 주로 그림 속에 어떤 물건이 나오느냐에 따라 결정된다. 이 활동은 짝활동뿐만 아니라 교실 전체 활동으로도 사용될 수 있다. 예를 들어, 여러 가지 그림들을 준비하고 한 학습자에게 그 중 하나를 선택하게 한 다음 나머지 학습자들로 하여금 그 학습자에게 질문을 하여 그 학습자가 처음에 어떤 그림을 선택했는지를 알아맞히게 하는 것이다. 학습자 수가 많은 교실에서는 많은 학습자가 동시에 연습을 할 수 있게 6~7명의 집단을 만들어 학습자 각각에게 더 많이 말할 수 있는 기회를 제공할 수도 있다.

② **파트너 찾기** : 이 활동은 'Find your partner'라고 부르기도 한다. 교사는 그룹 전원에게 그림카드 한 장씩을 나누어준다. 이 모든 카드가 다 다른 것은 아니다. 예를 들어 15명의 학습자가 참여한다면 다섯 개의 서로 다른 그림으로 구성된 세 개의 세트를 준비한다. 학습자들로 하여금 상대방이 가지고 있는 그림카드에 대한 질문을 하게 해서 자신과 같은 세트 그림의 카드 소지자, 즉 파트너를 찾게 하는 활동이다.

③ **비밀 찾기(스무고개)** : 이 활동은 학습자들로 하여금 적절한 질문을 하게 함으로써 비밀정보를 캐내게 하는 것이다. 각 학습자는 한 개의 비밀정보를 가지고 있는데 정보에 관한 직접 질문을 막기 위하여 질문 유형을 '네/아니오 질문'으로 제한할 수 있다. 한편, 질문자가 어떠한 단어와 구문을 사용할 것인지는 예측할 수가 없으나 시간과 질문의 수는 제한할 수 있다. 비밀

내용은 유명인사, 구체적인 사물, 여행하고 싶은 나라, 수행하고 싶은 비밀 업무, 지난 일요일에 방문한 장소 등이 될 수 있다.

④ **차이점 찾기** : 학습자 A와 B는 각각 몇 가지 다른 특징을 가지고 있는 유사한 그림 또는 지도를 갖는다. 예를 들어, 두 거리의 광경은 같지만 사람의 위치가 다르거나 자동차의 색깔이 다른 그림을 갖는다. 학습자들은 그림의 차이점을 찾기 위해 서로 대화를 주고받는다.

(2) Rivers(1972)의 활동유형

Rivers(1972)는 첫 번째 단계에서는 언어기능을 습득하게 하는 활동을, 두 번째 단계에서는 자신이 습득한 언어를 사용하여 자발적으로 의사소통을 하는 연습 활동을 시켜야 한다고 주장한다. 즉, 언어형식을 다루는 첫 번째 활동에서는 소리를 내어 구나 문장을 표현하는 연습을 하도록 하였으며 두 번째에서는 가상적 의사소통 활동을 시켜 실제 상황에서의 활동에 가깝게 행동하도록 하였다.

Rivers(1972)는 집중적 실습과 연습이 어떻게 가상적 의사소통이 되어 가며 또한 어떻게 점진적으로 실제 의사소통 활동으로 진행되어 가야 하는지에 관해 다음의 네 가지 지침을 제시하고 있다.

① 연습을 구상할 때는 이 연습이 교사와 학습자, 학습자와 학습자 간의 의사교환 활동에 쉽게 이용될 수 있도록 상황을 설정해 주어야 한다.
② 교사가 주도하는 연습을 한 다음에는 학습자가 이끄는 연습을 시킨다.
③ 간단한 구조라도 상상력을 동원하여 자발적인 언어표현을 이끌어 낼 수 있도록 한다. 또한 학습자들 사이의 대화가 이루어지도록 하기 위해서는 교사가 상황에 어울리는 조언을 하며 이끌어가야 한다.
④ 한 구조를 배울 때 두 유형의 연습을 시킨다.

한편, Rivers는 학습자가 준비해야 할 언어사용의 두 가지 면을 구별하여 '언어사용의 조작단계'와 '개인적 의사표현 단계'를 다루어야 한다고 주장한다. 그는 또한 의사소통 활동을 'skill-getting'과 'skill-using'으로 구분하여 과거 외국어교육에서는 'skill-getting'에만 치중하고 'skill-using' 단계의 연습은 거의 이루어지지 않았기 때문에 의사소통 능력에 문제가 있다고 판단하여 실제 의사소통 활동에 중점을 둔 'skill-using' 차원의 연습이 중요함을 강조하고 있다.

(3) Paulston & Bruder(1976)의 활동유형

Paulston & Bruder(1976)는 외국어 수업에서 언어 구조와 함께 '사회적 용법(social usage)'을 가르치는 것이 중요함을 강조하면서 보다 효율적으로 학습자의 의사소통 능력을 개발하기 위해서는 교실수업에 두 단계의 활동이 필요하다고 주장하였다. 첫 번째 단계에는 기계적 연습, 유의적 연습, 의사소통 연습 등 세 가지 유형의 활동이 필요하며 두 번째 단계에서는 다음과 같은 네 가지 유형의 의사소통적 상호작용 활동(communicative interaction activities)이 필요하다고 하였다.

① 사회 관습적인 표현(social formulas)과 대화(dialogues)의 연습
② 목표언어를 사용하는 집단에 섞여 실제 상황에서 의사소통하기
③ 문제해결 활동(problem-solving activities)
④ 일정한 상황에 따라 대화하는 역할극(role-play)

즉, 전술한 단계의 활동들을 통해 첫 번째 단계에서는 언어구조의 기본적인 지식을 습득하며 두 번째 단계에서는 이러한 언어지식을 내재화시키기 위해 실질적인 의사소통 상황을 이끌어내야 한다는 것이다.

이상의 여러 연구자들의 주장을 통해 의사소통 능력을 개발하기 위해서는 목표언어에 대한 문법 능력의 습득이 선행되어야 하며 이를 성취하기 위해 언어 조작 활동과 의사소통 활동이 병행되어야 함을 알 수 있다. 그러나 여기서 말하는 문법 교육은 기계적인 것이 아니라 실제 의사소통 상황에서 활용 가능한 것이다. 문법규칙의 제시 순서도 학습자의 의사소통 요구에 따라 결정되어야 하기 때문에 문법은 학습자의 실질적 의사소통을 위한 보조물의 역할을 담당한다.

제9장 과제 중심 교수법 (Task-Based Language Teaching)

1 개념

과제 중심 교수법은 의사소통식 교수법의 한 갈래로 언어 교수에 있어서 수업에 필수 단위인 과제를 바탕으로 한 접근이다. 이 교수법은 교사가 주도적으로 이끄는 수업을 따른 후에 학습자의 학습 결과를 평가하는 결과 중심의 교수법에서 탈피하였다. 학습자가 목표어를 사용하는 환경에서 빈번하게 일어날 수 있는 일들을 사용하여 수업의 활동 과제로 사용한다. 예를 들면, 퍼즐, 지도 찾기, 길 안내, 전화하기, 편지 쓰기, 안내문 읽기, 장난감 조립하기 등의 문제를 해결하기 위한 활동을 말한다. 이로써 실제 생활에서 당면하게 될 문제를 해결하는 과정에서 동료들과 함께 협력적으로 의사소통을 해 나가며 언어 숙달도를 배양할 수 있도록 고안된 교수법이다.

2 이론적 배경 및 역사

2.1 과제 중심 교수법의 등장

과제의 중요성이 대두된 것은 1950년대에 군대의 기술적, 직업적 전문가들에 대한 군대의 훈련 설계에서 시작되었다. 따라서 과제 분석(task analysis)은 최초에 의사소통이나 과제의 완성을 위한 협동 과정이 포함되지 않았다. 1970년대에 들어서면서 이러한 학문적 과제에도 관심을 갖기 시작했다.[1] Willis(1996)에 의하면 과제 중심 교수법은 1980년대부터 의사소통식 교수법의 일부를 형성하는 여러 원리들을 끌어들였기 때문에 의사소통식 교수법의 논리적 발전으로서 제시되었다. 언어 학습에 있어서 필수적인 요소인 실제 의사소통을 포함하는 활동들, 학습을 촉진시키는 유의미한 활동을 실행하는 데에 필요한 언어활동들, 학습자들의 학습 과정을 돕는 유의미한 언어들을 예로 들 수 있다. 과제 중심 교수법(Task-Based language teaching)은 언어 습득 분야에서의 교수법으로서 과제 중심 언어학습(Task-Based language learning), 혹은 과제 중심 지도(Task-Based instruction)라고 알려져 있다. 이 교수법은 인도에서 일하던 Prabhu(1987:17)에 의해서 유명해졌다. 그는 과제란 학습자들이 사고의 과정을 통해서 주어진 정보를 활용하여 결과를 도출하게 하는 활동을 말하며 교사는 그러한 과정을 통제하고 규제하는 역할을 한다고 하였다. Crooks(1986:1)는 요약, 에세이, 필기뿐만 아니라 교실에서의 반복 연습, 대화문 읽기, 그리고 교사가 수업 목표를 달성하기 위해 사용되는 모든 것을 의미한다고 하였다.

Prabhu는 학습자들이 언어적 질문에 집중할 때 비언어적 문제로 쉽게 언어를 배울 수 있다는 사실을 알아냈다. 이 교수법은 진정성이 있는 언어 사용에 초점을 두어 학습자들이 목표어를 사용하는 데에 유의미한 과제들을 잘 수행할 수 있도록 하는 데에 목표를 두었다. 예를 들면, 언어 사용 부분을 여러 기능으로 나누어 병원에 가기, 인터뷰하기, 상점에서 도움 요청하기 등의 구체적인 상황에서 유의미한 활동을 하도록 한다. 평가는 단순히 언어 형태의 정확성을 측정하기보다는 과제 결과물의 적절한 달성 여부로 판단한다.

이 방법은 목표어의 유창성이나 학습자의 자신감을 위해 개발되었다. 과제를 수행하는 동안 학습자들은 학습 과정을 촉진시키는 더 좋은 맥락을 제공한다. 따라서 궁극적으로는 언어 학습이 발생할 기회를 더 제공할 수 있게 된다. 언어 학습은 학습자들이 이해할 수 있는 입력에만 몰입하게 하는 것보다 자연스럽고 유

---

1) 이와 같은 문제는 여전히 논의의 대상이 되고 있다. 과제 분석과 교육용 설계는 매뉴얼의 이해에서 시작해서 의사소통이 필요로 하는 팀 과제로 관심이 바뀌었다. 팀으로 과제를 수행하는 기능은 크게 4가지로 인식된다(Crookes 1986).

① orientation functions: 팀원들에게 과제를 달성하는 데에 필요한 정보를 제공한다.
② organizational functions: 팀원들이 과제를 수행하는 데에 필요한 역할을 분담한다.
③ adaption functions: 과제를 완성하기 위해서 각자의 수행 내용을 서로 맞춘다.
④ motivational functions: 과제를 완성하기 위해서 목적을 정하고 팀을 격려한다.

의미한 의사소통의 과정에 참여하여 의미를 교환하게 하는 것이 더 낫다고 믿었다.

Feez(1998:17)가 정리한 과제 중심 교수법의 기본 가정은 다음과 같다.

① 수업의 초점을 결과물보다는 과정에 둔다.
② 수업의 기본적인 요소는 뚜렷한 목적이 있는 활동과 의사소통과 의미를 강조한 과제가 된다.
③ 학습자는 과제와 활동에 적극적으로 참여하는 동안 의사소통과 목적에 맞는 상호작용을 함으로써 언어를 배우게 된다.
④ 수업 시에 사용되는 활동과 과제는 학습자들이 실제 생활에서 달성할 수 있는 것이어야 하고 수업 시간에는 구체적인 교육적 목적을 가져야 한다.
⑤ 과제 중심의 교수요목에서 활동과 과제는 난이도에 따라 배열된다.
⑥ 과제의 난이도는 학습자들이 사전에 경험한 것, 과제의 복잡성, 과제를 수행하는 데에 요구되는 언어 그리고 도움을 줄 수 있는 정도를 포함하는 요소들에 따라 정한다.

2.2 과제 중심 교수법의 이론적 배경

(1) 과제의 개념

과제 중심 교수법은 수업 설계와 교수의 가장 중요한 단위로서 과제(task)의 개념을 제안했으나 과제에 대한 정의는 학자마다 달랐고, 과제는 사실상 실제 현실 세상에서 다루는 과제부터 교육적 과제까지 다양하게 파악되었다. 그러나 과제가 언어를 사용한 활동이나 목표라는 것에 대한 공감대는 형성되어 있었다. 다시 말해, 제2언어 습득을 다룬 문헌 연구들에서 어느 정도 과제 중심의 교수법에서 말하는 과제의 개념에 대한 일치된 의견이 있었다.

Foster & Skehan(1996)은 과제를 세 가지로 분류하여 개인적, 설명적, 의사결정 과제로 분류하였다. 또한 과제 분류는 상호작용의 측면에 초점을 맞춘 상호작용의 전통적 연구를 한 제2언어 습득 연구에 의해서 제안되었다. Norris 외(1998: 331)는 과제란 일상생활에서 사람들이 원하는 것들을 달성하기 위해 필요로 하는 활동이나 언어를 일컫는다고 하였다. Nunan(1989:10)은 의사소통 과제란 학습자들의 관심이 언어 형태보다는 주로 의미에 초점을 두는 동안 학습자들이 목표어를 이해하고, 조작하고, 말하거나 상호작용을 하는 것을 포함하는 교실 활동의 일부라고 정의하였다.

Nunan은 교수요목에서 다룰 두 가지 유형의 과제로 실제적 과제와 교육적 과제를 구분하였다. 실제적 과제는 요구분석의 결과 중에서 중요하다고 판단되는 과제를 연습할 수 있도록 설계된 것으로 전화 사용법 등이 해당된다. 그리고 교육적 과제는 제2언어 습득 이론과 연구를 기반으로 한 심리언어학적 근거를 가지나 반드시 실제적인 과제를 꼭 반영할 필요는 없는 것으로 보았는데 정보 차(information gap) 활동을 예로 들 수 있다. 이러한 과정을 보면 1960년대에 유행했던 상황적 교수법(Situational Language Teaching) 교재를 썼던 작가들의 직관적인 인상에 의해서 결정했던 내용보다 훨씬 더 세분화된 자료를 제공한다는 것을 알 수 있다.

또한 Pica, Knagy & Falodun(1993)은 과제를 수행하는 데에 필요한 상호작용의 유형에 따라 과제를 다음과 같이 분류하였다.

① **조각 맞추기 과제** : 서로 다른 정보를 조합함으로써 전체를 완성하게 하는 과제로 내용의 일부만을 알고 있는 학습자들이 정보를 종합하여 하나의 이야기를 완성하게 한다.

② **정보차 과제** : 학습자를 두 팀으로 나누어 각 팀이 서로 다른 정보를 가지고 있다. 활동을 완성하기 위해서 서로 교섭해서 상대방의 정보가 무엇인지를 알아내야 한다.

③ **문제-해결 과제** : 학습자들은 문제와 그 문제를 해결할 수 있는 여러 정보들을 가지고 있다. 문제에 대한 하나의 답을 찾아내야 한다.

④ **의사결정 과제** : 학습자들은 여러 가지 결과가 나올 수 있는 몇 개의 문제들을 받고 참여자 간에 상의와 토의를 통해서 하나를 선택해서 문제를 해결해야 한다.

⑤ **의사 교환 과제** : 학습자들은 토의와 의견 교환에 참여한다. 합의에 도달할 필요는 없다.

(2) 과제의 난이도

이상적인 과제 중심의 교수법의 목표는 특정한 학습자의 요구에 의해서 결정된다. Long & Crookes(1993)는 과제의 선택은 실제 세상에서 학습자들이 요구하는 것을 주의 깊게 분석한 것을 바탕으로 해야 한다고 하였다. 따라서 교수요목은 내용과 학습 결과를 구체화하여 수업 교재의 설계와 수업에 기반으로 쓰일 수 있어야 한다. 학습자들이 습득해야 할 구체적인 내용이나 기술보다도 학습의 과정적인 측면이 중요하다. 이러한 교수요목의 기초 작업으로써 과제를 선택하는 것과 아울러 과제의 배열 또한 결정해야 한다. Honeyfield(1993:129)는 과제의 난이도를 정할 때 다음과 같은 점들을 유의해야 한다고 하였다.

① 과정, 혹은 학습자들이 입력에서 출력을 끌어내야 하는 것
② 입력 자료를 위한 교재
③ 출력 결과를 위해 요구되는 것 : 언어적 항목
- 어휘, 구조, 담화 구조, 과정가능성 등
- 언어적 기능
- 거시적 / 미시적 언어 기술
- 사전 지식 혹은 스키마(schema)
- 주제 다루기와 대화 전략

④ 학습자를 도울 수 있는 도움의 양과 유형
⑤ 교사와 학습자의 역할
⑥ 허용되는 시간
⑦ 동기
⑧ 확신
⑨ 학습 스타일

이러한 항목들은 과제 난이도의 개념을 조작적으로 정의하는 데에 어려움을 묘사하고 있다는 점을 알 수 있게 한다. 여기에 좀 더 구체적으로 날짜, 방 온도, 아침식사 내용까지도 추가할 수 있다.

이외에도 과제 수행 시 과제는 정보를 일방적으로 주는 쪽으로 정할 수도 있

고, 쌍방향으로 줄 수도 있고, 학습자들이 한 가지 목표를 정해서 갈 수도 있고, 다양한 목표를 가질 수도 있다. 또한 학습자들은 과제를 수행하기 위해서 경쟁 관계에 있을 수도 있고 서로 협력적인 관계에서 해결 방안을 모색할 수도 있다. 이때 결과물 또한 하나의 결과를 도출할 수도 있고 다양한 의견을 끌어낼 수도 있으며 과제는 구체적 혹은 추상적 언어도 사용 가능하다. 과제는 상대적으로 쉽거나 어려운 인지적 과정을 갖는다.

3 수업 적용상의 특징과 장점

과제 중심 교수법은 학습자들 중심의 학습법이기 때문에 여러 가지 장점이 많이 있다. 무엇보다도 유의미한 의사소통 환경을 제공하고 실용적인 언어 기능들을 구축할 수 있는 기회를 제공한다. 교사가 과제 전 활동에서 언어를 제시하지만 궁극적으로 어떤 문법과 어휘를 사용하게 되는지는 궁극적으로 학습자 자신에게 달려 있다. 이렇게 함으로써 학습자들이 알고 있고 배운 모든 언어들을 사용하게 된다. 학습자들은 적극적으로 수업에 참여함으로써 언어 학습에 좀 더 동기가 부여될 수 있다. 구체적으로 수업의 특징과 장점을 살펴보면 다음과 같다.

첫째, 과제 중심 교수법에서는 언어를 본래 의미를 전달하는 수단으로 보기 때문에 의사소통을 가장 중요하게 생각한다. 이때 대화(conversation)는 언어의 가장 중요한 부분이 된다. 상대방과 서로 대화를 나누고 자신의 의사를 표현하여 원하는 것을 얻고자 하는 욕구가 만족되는 것을 제2언어 습득에 있어서 가장 기본적인 요소로 간주된다. 따라서 대부분의 과제는 대화를 포함한다. 즉, 과제는 듣고 말을 하는 기능을 모두 포함하게 되는데 이러한 의미 교섭 과정이 언어 학습에 중요한 요소라고 보았다.

둘째, 어휘 요소가 언어의 사용과 학습에 필수적이다. 최근에 어휘는 전통적인 입장보다 제2언어 습득에서 더 중요한 역할을 한다고 간주되고 있다. 여기에서 말하는 어휘는 단순히 단어 하나만을 의미하는 것이 아니라 어휘 구, 상투어, 연어를 포함한 개념이다. 많은 과제 중심 교수법에서도 이러한 입장을 고수한다.

셋째, 과제 활동과 성취는 학습 동기 부여를 고취시킬 수 있다. 과제는 학습자들이 진정성이 있는 언어를 사용하게 하고 육체적 활동, 협력, 협동, 과거의 경험 등을 활용할 수 있게 하기 때문에 학습자의 동기를 유발하여 학습을 촉진시키게 한다고 알려져 있다.

넷째, 교육학적 과제의 유용성을 들 수 있다. 과제 중심의 교수법은 적절한 교실에서의 과제의 충분한 공급에 의존하기 때문에 일부는 상당한 시간과 노력, 자료 개발을 요구하기도 한다. 컴퓨터 혹은 전통 교재 형태, 과제 카드, 신문, TV, 인터넷 등 다양한 교육적 자료들이 활용될 수 있다. 인터넷을 예로 들면, 해외여행을 가기 위해서 학습자들 스스로가 인터넷 검색 엔진들의 기능을 비교해 보고 10번 정도 클릭하여 얻을 수 있는 검색 엔진을 결정한다. 이렇게 해서 얻는 검색 엔진을 통해 가장 싼 호텔을 예약할 수 있다.

다섯째, Skehan은 과제를 선택하고 설계를 할 때 인지적 과정과 형태에의 초점 사이에 일정한 관계가 성립한다고 주장하였다. 예를 들면, 인지적으로 어렵게 느껴지는 과제가 주어졌을 경우 학습자들은 문법적 정확성과 같은 메시지의 형식적 특징에 주의를 덜 기울인다고 하였다. 만약 일이 너무 어려우면 정확성을 희생하여 유창성이 더 길러질 수 있다고 하였다.

4 수업 적용상의 단점 및 문제점

과제 중심 교수법은 다음과 같은 문제점이 제기되었다. 교사들은 교안을 작성할 때 이러한 내용들을 명심해야 한다.

첫째, 과제 중심 교수법은 초급 학습자를 위한 수업의 기초로는 적합하지 않다는 비평을 받았다. 언어 능력이 부족한 초급 학습자들은 자신의 의견을 표현하고 싶어도 어휘가 부족하거나 적절한 문법이 교수되지 않았을 경우에 오히려 그들에게 당혹감을 안겨 줄 수 있다. 이러한 많은 과제들은 선행 경험과 언어적 자료가 부족하여 메시지를 만들고 해석하는 일을 어렵게 만들 수 있다.

둘째, 실제 환경에서의 의사소통의 측면을 강조하는 경우가 많아 학습자들은 단지 언어의 특정 형태에만 노출될 뿐 토의나 논쟁 등과 같은 기능들은 간과되었다고 비난을 받았다.

셋째, 과제를 수행할 때 학습자가 수업에 능동적으로 참여하지 않으면 성공적으로 과제를 완수하기 어렵다.

넷째, 형식적 문법 교육의 역할에 대해 재평가를 하는 기회를 제공하였으나 많은 교실 상황에서 사용하고 있는 문법 위주의 수업 활동들이 교실 밖의 실제 언어 사용에서 사용하는 인지적 학습 과정을 반영한다는 증거가 없다는 비판도 제기되었다.

따라서 이러한 단점을 극복하기 위해서는 과제 수행 시 의사소통적 측면에서 의미를 교환하기 위한 전략활동을 포함해야 한다. 또한 언어적 그리고 맥락적 단서로부터 추측하는 기술, 확인을 하기 위해 다시 한 번 되묻기, 다른 동료들과 상의하는 방법들을 포함해야 실제적인 과제가 될 수 있다. 이러한 기능들이 생략된다면 이 교수법의 기본 원리를 충실히 반영했다고 보기 어렵다.

따라서 과제는 의사소통에서 어떻게 언어가 사용되는지에 대해 알 수 있는 기회를 제공하는 역할을 해야 한다. 학습자 자신이 과제를 수행하는 메시지에 집중할 뿐만 아니라 그러한 메시지가 일반적으로 어떠한 형태로 나타나는지도 주목할 필요가 있다. 따라서 언어적 형태를 포함한 과제의 특성에 대해서 돌아볼 수 있는 기회를 제공해야 한다.

5 적용 가능 영역

Richards(1985)는 일본인 대학생들을 위한 여름 집중 회화 프로그램 수업 과정에서 학습자의 요구 분석을 하여 기본적인 사회적 생존 거래, 면대면 대화, 전화대화, 교내 인터뷰, 편의시설의 이용 등 학습자들이 영어를 구사해야 하는 상황에 초점을 맞추어 역할극 활동을 구성하였다. 한편 Willis는 과제 중심 교수법의 단계를 과제 전, 과제 수행 중, 과제 후로 나누어 간략히 설명하였다. 과제를 수행하기 위해서 사용되는 대부분의 수업 시간 동안에는 언어 자체를 교수하지 않고 학습자들이 집중하여 의미를 전달하는 과정에 몰입할 수 있도록 한다. 간단히 과제 중심 교수법을 사용한 수업의 예시를 살펴보도록 하겠다.

우선 과제 전 활동을 하기에 앞서 과제를 선정해야 한다. 이때 학습자의 요구,

관심, 그리고 언어 수준에 맞춰 교육적인 배열을 해야 한다. 과제 중심 교수법에서 학습자들이 무방비 상태로 과제에 임하게 해서는 안 된다. 따라서 본격적으로 과제를 수행하기에 앞서 사전 준비과정을 반드시 가져야 한다. 주제 도입, 분명한 지시, 과제 수행에 필요한 어휘를 떠올릴 수 있도록 돕기, 과제 수행 과정의 일부 구현 등의 사전 활동을 한다. 이러한 단서 제공은 귀납적이며 암시적이거나 연역적이며 명시적으로 할 수 있다.

과제 전 활동(pre-task)

- 과제 소개
- 핵심 어휘나 문법 구조를 제안의 형태로 제시
- 주제와 상황을 도입하여 과제 모형 제시
  (마임, 그림, 인터넷, 신문, 오디오, 비디오 등을 이용하여 브레인스토밍, 순위 매기기, 문제 풀기 과제 등의 활동 포함)
- 주제와 관련된 대화문을 파악하도록 하고 그러한 상황에서 사용하게 될 언어의 종류에 대한 예를 보여 줄 수 있음

↓

과제 활동(task)

- 동기 부여
- 소규모 그룹의 역할극이나 짝활동
- 표현하고 싶어 하는 언어 사용의 기회 제공

↓

과제 후 활동(post-task)

- 과제 후 활동에서 연습 단계를 가짐으로써 학습 내용의 확인 기회 제공
- 발표 : 반 전체에 구두 보고
- 나머지 학습자들은 피드백 준비
- 교사는 발표 내용, 진행 과정상의 문제점, 보완점에 대해 피드백

제10장 내용 중심 교수법 (Content-Based Instruction)

1 개념

내용 중심 교수법(Content-Based Instruction: CBI)은 의사소통식 교수법과 총체적 언어 교수법을 기반으로 1980년대 이후에 등장한 것으로 학습자가 학습하게 될 언어와 내용을 통합하여 교수하는 방법을 말한다. 이 교수법에서는 학습자가 학습하게 될 언어와 내용을 분리하여 가르치는 것보다 내용을 중심으로 교수요목을 조직하여 가르치는 것이 언어 습득에 보다 효과적이라고 주장한다.

내용의 의미는 교수법에 따라 다양한 의미로 해석된다. Richards & Rodgers (2001:204)에서는 '내용은 언어를 통해서 학습되거나 전달되는 실체 또는 주제(substances or subject matter)를 지칭하는 것이지 이를 전달하기 위한 언어가 아니다'라고 하였다. Snow(2001:303)에 따르면 내용은 전통적 교수법에서는 문법구조, 어휘, 음성 패턴을 나타내며 의사소통식 교수법에서는 의사소통 목적으로 사용되는 질문하기, 초대하기, 거절하기 등의 개념과 기능을 나타내는 반면, 내용 중심 교수법에서는 제2언어 또는 외국어를 가르치는 데 필요한 교과 과목(subject matter)을 나타내며 제2언어 학습 환경에서는 학습자가 관심을 갖거나 필요로 하는 주제 또는 화제(topics or themes), 초등학교에서는 교과목과 같이 매우 구체적인 것, 특수 목적 영어(English for Specific Purposes) 교육에서는 학습자가 직업상 필요로 하는 것, 학문 목적 영어(English for Academic Purposes) 교육에서는 학교에서 직면하게 될 학문적 과제를 말한다.

내용 중심 교수법에서 내용에 초점을 두는 것은 의사소통적 교수법에서 의미에 초점을 두는 것과 이론적 기반을 같이 하는데, 이는 학습자가 정보와 지식의 습득을 목표로 하여 의미 있고 맥락화된 상황 속에서 목표어로 된 자료를 학습할 때 성공적인 언어 학습이 가능하다는 것을 의미한다. 언어가 학습자들에게 흥미 있고 관련성이 있는 정보가 담긴 내용을 전달하는 도구가 될 때 학습자는 언어에 주의를 기울이게 된다. 즉, 언어가 내용 학습을 달성하는 수단으로 적절한 역할을 할 때 학습자는 내용 학습의 부산물로서 언어를 학습하게 되는 것이다.[1)]

언어 학습과 내용 학습을 통합한다는 것은 구체적으로 언어가 어휘, 문법, 발음으로 나뉘어서 학습되는 것이 아니라 총체적으로 학습된다고 보는 총체적 언어 교수법(Whole language approach)에 기반을 두고 있음을 의미한다. Larsen-Freeman (2000:142~143)에 따르면 총체적 언어 교수법이란 언어를 나누어서 학습하는 것보다 전체 텍스트의 의미를 이해하려고 학습하는 것이 더 효과적이라고 주장하는 교수법이며 텍스트를 구성하는 언어를 학습하기 전에 전체 텍스트의 의미를 이해하기 위해 하향식(top-down)으로 접근하는 방법이다. Larsen-Freeman(2000:142~143)은 언어 형태를 학습하는 것이 아니라 언어를 유목적적으로 사용할 때 언어 학습이 가장 효과적으로 일어난다고 하였다.

전술한 바와 같이 내용 중심 교수법은 총체적 언어 교수법을 기반으로 하는데 따라서 이 교수법에서는 어휘, 문법, 발음을 통합하거나 듣기, 말하기, 읽기, 쓰기의 네 가지 기능과 학습 기술(study skills)을 통합하여 교수하게 된다.

2 이론적 배경 및 역사

지금부터는 내용 중심 교수법의 이론적 배경이 되는 원리와 그리고 내용 중심 교수법이 적용된 교수 모형을 살펴보겠다.

2.1 내용 중심 교수법의 이론적 배경

제2언어 습득의 관점에서 볼 때, 내용 중심 교수법의 이론적 토대가 되는 기본적인 원리로 다음의 세 가지를 들 수 있다.

1) Brown(2001) 참고.

(1) Krashen의 이해 가능한 입력

Krashen(1984)에 따르면 제2언어 습득은 어휘를 외우거나 문법 연습을 마쳤을 때가 아니라 이해 가능한 입력(comprehensible input)을 받아들일 때 이루어진다. 제1언어와 제2언어의 습득 과정이 유사하다고 보는 Krashen(1982, 1985)은 제2언어 교수는 형태가 아닌 의미에 초점을 두어야 한다고 주장한다. 이러한 관점에서 의미, 즉 내용에 대한 강조를 학습의 출발점으로 보는 내용 중심 교수법은 Krashen의 이해 가능한 입력 가설에 이론적 기반을 두고 있다.

(2) Swain의 이해 가능한 출력

Swain(1985, 1993)은 캐나다 몰입 학습 프로그램에 대한 연구를 바탕으로 의사소통 능력을 발달시키기 위해서는 제2언어 또는 외국어를 생산적으로 사용할 기회가 제공되어야 함을 주장하면서 이해 가능한 입력뿐만 아니라 이해 가능한 출력(comprehensible output)에 관심을 가질 것을 제안하였다. 내용 중심 교수법은 학습자가 적절하게 언어를 산출하는 것을 중요시하므로 이러한 관점에서 Swain의 이해 가능한 출력 가설에 이론적 기반을 두고 있다고 할 수 있다.

(3) Cummins의 기본적 개인 의사소통 기술과 인지적 학문 언어 능력

Krashen과 Swain이 각각 이해 가능한 입력과 이해 가능한 출력을 강조한 반면에 Cummins(1979, 1981, 1984)는 제2언어를 유창하게 구사하기 위해서는 두 가지 층위의 언어를 습득해야 한다고 주장하였는데 이들이 기본적 개인 의사소통 기술(basic interpersonal communicative skills: BICS)과 인지적 학문 언어 능력(cognitive academic language proficiency: CALP)이다. 그에 따르면 일상생활 대화나 맥락 의존적인 의사소통을 위한 기본적 개인 의사소통 기술이 1~2년 정도면 습득될 수 있는 데 반해, 맥락 의존도가 낮은 상황에서 분석적 사고, 가설, 학문적 내용들을 표현하기 위해 사용되는 인지적 학문 언어 능력은 습득하는 데에 5~7년 정도 걸린다. 내용 중심 교수법은 보다 높은 수준의 언어, 전문적 또는 학문적 영역의 언어 습득을 위한 인지적·학문적 언어 능력의 습득에 주안점이 놓이므로 이러한 관점에서 Cummins의 이론에 기반을 두고 있다고 할 수 있다.

내용 중심 교수법은 1980년대 이후에 등장하였으나 그 이전에도 내용을 중시하는 언어교육 프로그램들이 존재하였으며 이들을 통해 내용 중심 교수법이 등장하게 되었다. Richards & Rodgers(2001:205~207)는 내용 중심 교수법에 영향을 미친 언어교육 프로그램들을 검토하였다. 이들은 1970년대 후반 이후 내용을 통해 언어를 습득하는 원리를 강조하는 언어교육 프로그램의 예로 교육과정을 통한 언어교육(Language across the curriculum), 몰입 교육(Immersion education), 이민자 교육(Immigrant on-arrival education), 부진아를 위한 교육 프로그램(Programs for students with limited proficiency), 특수 목적 언어 교육(Language for specific purposes: LSP) 등을 들며 내용 중심 교수법이 이러한 프로그램 접근 방법의 이론과 실제에 어느 정도 의존하고 있다고 하였다.

교육과정을 통한 언어교육은 1970년 중반 영국 정부 위원회에 의해 시작되었다. 이는 모국어 교육을 위한 제안으로 핵심 주장의 골자는 언어교육을 언어 교과에서만 다룰 것이 아니라 모든 교과 과목에서 읽기와 쓰기에 중점을 두며 다루자는 것이다. 이 주장을 채택하여 1970년대 싱가포르 초등학교 예비 계획(Singaporean Primary Pilot Project)에서는 과학, 수학, 언어 학습을 통합한 교실 수업용 교재가 출판되기도 하였다.

몰입 교육은 정규 학교 교육과정을 외국어로 가르치는 외국어 교육의 한 유형으로 1970년대 캐나다에서 영어를 모국어로 사용하는 학습자들에게 프랑스어를 공부할 기회를 제공하기 위해 처음으로 실시되었다.

이민자 교육은 이민자들이 한 사회에서 잘 살아갈 수 있도록 언어 교육에 초점을 맞추는 프로그램으로 실생활과 관련된 내용을 많이 다룬다. 오스트레일리아에서 설계한 프로그램은 특수한 주제와 상황을 중심으로 한 첫 시도였다.

부진아를 위한 교육 프로그램은 이민자 프로그램에서 교육을 받은 부모를 둔 아동을 위한 언어 교육 프로그램으로 정상적인 학교 수업에 참여하지 못하는 어린이를 위하여 따로 가르치는 프로그램이다.

특수 목적 언어 교육은 학생, 기술자, 간호사 등 특수한 역할을 수행해야 하는 학습자의 언어 사용 목적을 충족시켜 주려는 것으로 목표어를 수단으로 하여 업무 내용 및 실생활과 관련된 기능을 가르치는 것이다. 특수 목적 영어 교육, 직업 목적 언어 교육, 학문 목적 언어 교육 등이 여기에 속한다.

2.2 내용 중심 교수법의 교수 모형

앞에서 기술한 언어보다 내용에 중점을 둔 여러 프로그램들은 내용 중심 교수법의 이론적 원리와 실제적 적용에 많은 영향을 주었다.

내용 중심 교수법 연구자들이 제시한 교수 모형을 개괄하면 다음과 같다.

Met(1999:7)는 내용 중심 교수법의 교수 모형을 완전 몰입 교육(Total immersion), 부분 몰입 교육(Partial immersion), 내용 보호 교수(Sheltered Courses), 병존 언어 교수(Adjunct Model), 주제 중심 교수(Theme-Based Courses), 언어 연습을 위한 내용을 빈번하게 사용하는 언어 교실(Language Classes with Frequent Use of Content for Language Practice)로 구분하고 있다.

Richards & Rodgers(2001)는 대학 수준의 교과 과정을 중심으로 주제 중심 언어 교수(Theme-based language instruction), 보호 내용 교수(Sheltered content instruction), 병존 언어 교수(Adjunct language instruction), 팀 교수 접근 방법(Team-teach approach),[2] 기능 중심 접근 방법(Skills-based approach)[3]으로 구분하고 있다.

Brinton, Snow & Wesche(1989)는 내용 중심 교수법의 원형으로 주제 중심 교수(Theme-based instruction), 병존 언어 교수(Adjunct instruction), 보호 언어 교수(Sheltered instruction)를 들고 있다.

한편, Met(1999:7)는 전술한 내용 중심 교수법의 교수 모형들을 내용과 언어 통합의 연속체로 보는데 이를 도식화하면 다음과 같다.

2) 팀 교수 접근 방법은 병존 언어 교수의 변형된 형태로 언어 교사와 내용 교사가 공통으로 학습자를 돕는 형태의 교수 방법이다.

3) 기술 중심 접근 방법은 학문 영역과 관련된 언어 기술에 중점을 두는 교수 방법이다.

▶ 내용 중심 교수법 : 내용과 언어 통합의 연속체

(CONTENT-BASED LANGUAGE TEACHING: A CONTINUUM OF CONTENT AND LANGUAGE INTEGRATION)

Met(1999:7)

내용 중심(Content-Driven)			언어 중심(Language-Driven)		
완전 몰입 교육 (Total Immersion)	부분 몰입 교육 (Partial Immersion)	내용 보호 교수 (Sheltered Courses)	병존 언어 교수 (Adjunct Model)	주제 중심 교수 (Theme-Based Courses)	언어 연습을 위한 내용을 빈번하게 사용하는 언어 교실 (Language classes with frequent use of content for language practice)

내용 중심에 치우친 완전 몰입 교육과 부분 몰입 교육은 외국어 교육 환경에서 초등학교 수준 어린이에게 외국어를 가르치기 위한 것이며(Snow 2001:305), 언어 연습을 위한 내용을 빈번하게 사용하는 언어 교실은 기존의 언어 중심에 치우친 것이다.

한편, 내용 보호 교수, 병존 언어 교수, 주제 중심 교수의 세 가지 모형은 중등 교육 이후의 제2언어 수업을 위한 것으로 한국에서 한국어를 학습하는 제2언어 환경에 이 세 가지 모형을 적용해 볼 수 있다. 이 세 가지 교수 모형 중에 언어 중심과 내용 중심의 중간적 위치에 있는 것이 병존 언어 교수, 보다 내용 중심에 있는 것이 내용 보호 교수, 보다 언어 중심에 있는 것이 주제 중심 교수이다.

주제 중심 교수는 모든 교과에 걸쳐 학습자에게 흥미 있는 주제를 선정하고 내용을 조직하여 가르치는 것이다. 이 모형에서 교사나 전문가는 학습자들의 흥미를 조사하여 언어적 요구를 만족시킬 수 있는 주제, 자료, 학습 활동을 선택함으로써 언어와 내용을 균형 있게 통합하여 가르쳐야 한다(황은진, 2008:15). 이 모형은 제도적 장치 및 학습자들의 숙달도 측면에서 융통성이 많아 별다른 제약 없이 어떠한 교육 환경에서도 적용될 수 있다는 점에서 그리고 다양한 주제를 통해서 여러 가지 언어 기능(듣기, 말하기, 읽기, 쓰기)을 통합하여 가르칠 수 있다는 점에서 장점을 가지고 있다(김영자, 2008:22).

병존 언어 교수에서 학습자들은 언어 과정과 내용 과정에 동시에 등록하여 내용과 언어를 학습한다. 언어 과정이 내용 과정에 도움이 되도록 편성되어 있으므로 언어 교사와 내용 교사는 긴밀한 협조를 통해 학습자들에게 과제를 제시한다. 이 모형은 언어와 내용이 잘 통합되어 있어 학습자들의 흥미를 유발하여 효과적으로 언어와 내용을 가르칠 수 있다는 장점을 가지고 있는 반면, 다른 모형과 달리 프로그램을 계획할 때 시간과 노력을 필요로 한다는 약점을 가지고 있다(김영자, 2008:23).

내용 보호 교수는 외국인 학습자들을 분리하여 가르치는 것으로 1982년 Ottawa 대학에서 심리학 개론 수업에 처음 적용하여 실시하였다(Snow 2001:307~308). 이 모형에서는 목표어 수준이 낮은 학습자들의 유창성 향상에 목표를 맞추어 내용 학습이 진행되는데 이때 초점을 두는 것은 언어보다는 내용이다(진제희 2005: 360).

3 수업 적용상의 특징과 장점

Richards & Rodgers(2001:207)는 내용 중심 교수법 전반에 걸쳐 작용하는 두 가지 중요한 원리를 다음과 같이 제시하였다.

① 내용 중심 교수법은 언어 자체보다는 정보를 얻는 수단으로 언어를 배울 때 제2언어를 더 성공적으로 배운다.
② 내용 중심 접근법은 학습자의 필요성을 더 잘 반영한다.

또한 Richards & Rodgers(2001:207~211)는 내용 중심 교수법이 기반을 두고 있는 언어와 학습의 기본 원리에 대해 다음과 같이 제시하고 있다.

① 담화를 중시한다.
② 언어 기능의 통합적 사용을 중시한다.

③ 언어 사용은 유목적적이다.
④ 학습자는 습득하고자 하는 정보가 흥미 있고 유용한 동시에 목표에 도달할 수 있다고 느낄 때 제2언어를 가장 성공적으로 학습한다.
⑤ 어떤 영역은 다른 영역보다 언어 학습의 자료로 더 유용하다.
⑥ 학습 내용이 학습자들의 필요에 부응할 때 학습자들은 더 잘 배운다.
⑦ 교사는 학습자에 대한 이전 경험을 바탕으로 가르쳐야 한다.

한편, Jourdenais & Shaw(2005:2)는 내용 중심 교수법의 특성을 다음 7가지로 요약하고 있다.

① 언어와 내용을 동시에 학습한다.
② 학습자는 학습자와 관련된 내용 영역에 집중한다.
③ 내용을 통해 언어가 맥락화된다.
④ 학습자의 언어 발달을 지지한다.
⑤ 학문상 또는 직업상 필요한 언어 능력을 개발한다.
⑥ 실제적 자료를 사용한다.
⑦ 언어 기능을 통합하고 인지적 복잡성과 언어적 복잡성을 향상시킨다.

전술한 내용 중심 교수법의 특성을 중심으로 내용 중심 교수법의 장점을 정리하면 다음과 같다.

- 학습자와 관련된 내용 영역(지리, 수학, 과학 등)을 학습함과 동시에 언어에 자연스럽게 노출되어 언어를 부수적으로 학습하게 된다.
- 학습자는 학문적·직업적 필요성을 반영한 내용에 집중함으로써 내적 동기와 흥미가 유발되어 언어를 성공적으로 학습하게 된다.
- 실제적 자료를 사용함으로써 담화 능력을 향상시키고 언어의 네 가지 기능을 통합적으로 학습하게 된다.
- 유의미하고 맥락이 있는 담화를 통해 언어를 학습함으로써 자연스럽게 언어를 습득하게 된다.
- 학문적 또는 직업적 내용과 함께 언어를 학습함으로써 학습자의 인지적 발달과 언어적 발달을 도모한다.

4 수업 적용상의 단점 및 문제점

지금부터는 내용 중심 교수법을 실제 수업에 적용할 때 나타나는 단점과 문제점을 교사와 학습자의 입장에서 살펴보도록 하겠다.

교사의 입장에서 볼 때 내용 중심 교수법의 단점과 문제점은 다음과 같다.

- 내용 중심 교수법에서는 내용과 언어가 동시에 학습되므로 교사는 언어뿐만 아니라 교과 내용에 대한 충분한 지식을 보유해야 하므로 이중의 부담을 갖게 된다.
- 내용 중심 교수가 지향하는 목표를 달성하기 위해 사용되는 자료를 개발하는 것이 쉽지 않다. 이 자료에는 언어와 내용이 통합되어 있어야 하는데 이를 위해서는 많은 노력이 필요하다.

학습자의 입장에서 볼 때 내용 중심 교수법의 단점은 다음과 같다.

- 내용 중심 교수법에서는 내용에 중점을 두어 교수요목이 선정되고 그에 따라 언어가 선택되고 제시 순서가 정해지므로 경우에 따라서는 언어요소의 제시 순서가 학습자의 언어 능력과 맞지 않을 수가 있는데 이때에는 학습이 효과적으로 이루어지지 않을 수 있다.
- 내용 학습과 언어 학습은 교사뿐만 아니라 학습자에게도 이중 부담이 될 수 있다.
- 언어 교사와 내용 교사의 협조가 긴밀하게 이루어지지 않으면 학습이 제대로 이루어지지 않을 가능성이 있다.

5 적용 가능 영역

지금부터는 내용 중심 교수법의 세 가지 원형인 내용 보호 교수, 병존 언어 교수, 주제 중심 교수 중에서 예시로 주제 중심 교수 모형을 살펴보고자 한다.

주제 중심 교수는 예를 들어, '오염', '여성의 권리', '건강' 등의 다양한 주제를 중심으로 교수요목이 조직되는데 선택된 주제를 통하여 언어의 네 가지 기능 및 언어 기술을 익힐 수 있다. 주제 중심 교수는 대학에서 운영하는 학문 목적 학습자를 위한 언어 과정에서 널리 사용되는 것으로 언어와 내용을 동등하게 다루고 있다. 또한 학습자로 하여금 이런 주제의 내용을 읽거나 듣거나 이해하고 이에 대한 언어적 분석을 통해 학습한 후 통합적 내용을 쓰게 할 수도 있다(장신재, 2004). 이러한 주제 중심 교수의 효과적 적용 방법을 검토하기 위해 Richards & Rodgers(2001:211~216)의 주제 중심 교수 설계 방안과 Brown(2001)이 제시한 주제 중심 교수 활동의 예를 살펴보도록 하겠다.

Richards & Rodgers(2001)는 주제 중심 교수의 전략적 언어적 목표를 다음과 같이 제시하고 있다.

① 현재 영어의 언어 기술을 활성화하고 개발한다.
② 앞으로 언어를 발달시킬 기회가 올 때 적용할 수 있는 언어 기술과 전략을 습득한다.
③ 대학의 모든 교과 영역에 적용할 수 있는 일반적 학문 기술을 개발한다.
④ 학습자의 영어 원어민 화자에 대한 이해의 폭을 넓힌다(Brinton et al 1989: 32).

또한 교수·학습 활동의 유형을 다음과 같이 제시하고 있다.

① 언어 기능 향상
② 어휘력 증대
③ 담화 구조 파악
④ 의사소통적 상호작용 활성화
⑤ 학습 기술 습득
⑥ 내용 자료와 문법의 통합

한편, Brown(2001)이 제시한 주제 중심 교수 활동의 예는 다음과 같다.

① 환경 문제에 관한 통계 자료와 사실적 정보를 이용하여 읽기와 쓰기, 토의,

논의 등의 수업 활동을 수행함

② 연구와 쓰기 프로젝트 수행

③ 환경 의식을 일깨우는 자료 제작

④ 현장학습 진행

⑤ 시뮬레이션 게임 활용

두 연구자가 제시한 주제 중심 교수 활동에는 다양한 유형이 존재하며 이 활동들에 내재된 원리가 내용 중심 교수법의 이론적 배경과 원리에 충실하고 있음을 알 수 있다. 다시 말해 이 활동들은 내용과 언어의 통합, 언어 기능의 통합, 학습 기술의 통합을 담고 있다고 볼 수 있다.

한 · 국 · 어 · 교 · 수 · 법

제2부

한국어 교수법의 실제

제1장 문법번역식 교수법 (Grammar Translation Method)

1 개요

교수 목표	읽기와 쓰기에 초점을 두어 학습자 모국어로 번역을 할 수 있다.
교수 중점	문학 작품에 나온 문법과 주제 관련 어휘에 초점을 두어 학습한다.
교수 방식	강의식으로 진행한다.

문법번역식 교수법의 목표는 고전 작품을 읽으면서 어휘, 문법을 분석, 학습하고 이를 번역하는 데 있다. 따라서 교재로 사용된 글의 내용에 초점을 두기보다는 내용에 등장하는 문법을 연구 자료로 삼고 있다. 수업이 학습자 모국어로 진행되므로 학습자가 목표어와 모국어 사이의 문법과 어휘의 차이를 학습하는 데 시간이 적게 걸린다.

2 기본 수업 절차

단계	과정	활동 및 역할		시간
		교사	학습자	
제시	본문 번역	• 한국어로 된 수업 자료 제시 • 교사는 어려운 어휘나 표현을 설명해 주어 학습자가 번역하기 쉽도록 도움 • 학습자들이 번역을 하게 함	• 각자 받은 자료를 읽기 • 자료를 각자 모국어로 번역	10분

		• 학습자들의 번역이 끝난 후 학습자에게 모국어로 질문이 있는지 묻고 질문에 모국어로 보충 설명을 함		
활동①	본문 내용 확인	• 첫 번째 문제는 교사와 학습자가 같이 풂(한 학습자에게 문제를 큰소리로 읽게 한 후 다른 학습자에게 답을 말하게 함) • 두 번째 문제부터 학습자들 각자 풀게 함 • 문제를 푸는 과정에서 모르는 단어가 나왔을 때 교사는 학습자들에게 단어의 뜻을 모국어로 알려줌 • 답이 틀렸을 경우, 다른 학습자를 선정해 답하게 하거나 교사가 정답을 제시함	• 읽기의 내용 이해 문제를 풂. 이때 질문과 답은 모두 목표어인 한국어를 사용함 • 답을 같이 맞힘 (학습자 한 명에게 문제를 큰소리로 읽힌 후 다른 학습자가 이에 답을 말하게 함)	15분
활동②	어휘 학습 (부사어 학습)	• 학습자가 단어의 의미를 모르면 교사가 모국어로 그 의미를 제시	• 읽기 본문 뒤에 있는 어휘 목록을 보고 그 뜻을 모국어로 말함 • 연습 활동으로 학습한 어휘의 반의어 또는 동의어를 주고 본문에서 이에 해당하는 어휘를 찾도록 함	15분
활동③	문법 학습	• 학습자 모국어로 문법 설명	• 교재에 나온 문법 규칙에 대한 설명, 예문을 읽고 이에 대한 설명을 들음 • 학습 문법 내용에 대한 연습 문제를 풂(단순히 문법적 형태를 찾아내는 연습에서 시작하여 학습 목표 문법을 활용해 문장을 완성하기 순서로 진행. 학습자는 답을 큰소리로 낭독)	5분

마무리	확인 학습	• 학습한 어휘 목록에 나온 어휘 중 일부를 선택해 모국어 의미를 암기시키고, 이 단어를 사용해 문장을 만들어 오는 숙제 부여	• 교사가 제시한 어휘 숙제를 수행	5분

3 수업 모델

3.1 수업 개요

학습 단원	박완서의 「닮은 방들」
학습 목표	• 「닮은 방들」에 나온 어휘를 익히고 이를 모국어로 번역할 수 있다. • 명령문의 간접화법을 익혀 모국어로 번역할 수 있다.
기 능	들은 내용을 다른 사람에게 전달하기
학습 대상	중급 영어권 학습자(12명)
학습 내용	-(으)라고 하다, -달라고 하다, -주라고 하다.

3.2 제시

학습 단계	시간	학습 활동(교사 – 학습자)	유의점	준비물
제시	10분	**<인사>** T : 안녕하세요? S : 안녕하세요? T : 지난 시간에 10~15페이지까지 했는데, 집에서 다시 복습해 봤어요? S : 네. T : 복습하거나 숙제를 하면서 모르는 것이 있으면 질문하세요.	학습자와 교사는 질문이나 답을 모두 학습자 모국어로 한다.	

S : 지난시간에 '자주' 하고 '가끔'을 배웠는데 '한국 영화를 자주 봐요.'와 '한국 영화를 가끔 봐요.' 중에서 보는 횟수가 더 많은 건 뭐예요?

T : '자주 봐요.'가 더 많이 보는 겁니다. 더 빈도가 높은 거예요. 예를 들어 '자주 봐요'는 일주일에 4번이라고 하면, '가끔 봐요'는 일주일에 1~2번 정도예요. 아시겠어요?

S : 네.

<학습 내용 제시>

T : 여러분, 오늘도 지난 시간에 이어 박완서의 「닮은 방들」이라는 작품의 일부를 읽어 볼까요? 읽으면서 영어로 번역해 보세요. 번역하면서 모르는 단어가 나오면 선생님께 질문하세요.

S : 네.

한국어로 된 수업 자료 (읽기자료)

> 어머니는 우리 애는 아무것도 모르는 철부지니 매사를 좀 가르쳐 주고 도와주라고 앞집 여자에게 신신당부했다. 어머니의 부탁이 아니더라도 나는 단박에 그 여자에게 호감이 갔다. 그 여자네 살림살이는 어찌나 알뜰하고 아기자기한지 꼭 동화 속에 나오는 방 같았다. 나는 꼭 그 여자네 방처럼 꾸미고 싶었다. 나는 꽤나 수줍어하면서도 가구나 실내장식에 대해 도와달라고 부탁했다. 그 여자는 조금도 염려 말라고, 이 아래 상가에 가구점이랑 커튼센터랑 없는 게 없다고 일러 줬다. 아파트란 참 너희 올케 말짝으로 편한 데로구나 하면서 어머니까지 좋아했다.

		(잠시 후) S : 1번째 줄의 '철부지니'가 무슨 뜻이에요? 그리고 2번째 줄의 '단박에'도 무슨 뜻인지 모르겠어요. T : '철부지니'는 '철부지니까'라는 뜻으로, 영어로 말하면 'because she is a person who lacks good sense; or because she is a stupid person'입니다. 그리고 '단박에'는 'at once', 'immediately'라는 뜻입니다.		

3.3 활동①

학습 단계	시간	학습 활동(교사 – 학습자)	유의점	준비물
본문 내용 확인	15분	T : 자, 다 번역을 했으니까 내용 이해 문제를 풀어 봅시다. 1번은 같이 풀어 봅시다. 사라 씨, 1번 문제를 읽어 보세요. * 사라가 1번의 (1)을 읽는다. 1. 위의 내용에 맞는 곳에 ∨표 하십시오. (1) 어머니는 앞집에게 나에 대해 많은 부탁을 했다. 네______ 아니오______ (2) 앞집 여자 집의 실내장식은 내가 좋아하는 스타일이었다. 네______ 아니오______ (3) 앞집 여자는 바빠서 나를 돕기 어렵다고 말했다. 네______ 아니오______ 2. 어머니는 왜 아파트가 편하다고 말씀하셨습니까? 본문에서 찾아 쓰십시오.	교사는 음악에 맞추어 음량과 억양을 조절하면서 읽는다.	내용이해 문제지

		T : 마이클 씨가 답을 말해 보세요. * 마이클이 답을 말한다. T : 그럼, 그 다음부터 각자 풀어 보세요. * 학습자들은 교재에 나와 있는 내용 이해 문제를 푼다. 답은 한국어로 작성한다. (잠시 후) T : 자, 그럼 같이 답을 맞혀 볼까요? 존 씨가 문제를 읽고 다음 사람이 답을 말해 보세요. * 한 학생이 문제를 읽고 다른 학생이 답을 하는 방식으로 내용 이해 문제의 답을 맞힌다. 답이 틀렸을 경우, 다른 학생을 지적하여 답을 말하게 한다. T : 혹시 질문 있어요? S : 아니오.		

3.4 활동②

학습 단계	시간	학습 활동(교사 - 학습자)	유의점	준비물
어휘 연습	15분	T : 내용 이해 뒤에 나온 어휘 목록을 보세요. 거기 있는 어휘들의 의미를 영어로 이야기해 봅시다. **<신출 어휘 목록>** 철부지, 매사, 신신당부하다, 단박에, 호감이 가다, 살림살이, 알뜰하다, 아기자기하다, 동화, 꾸미다, 꽤나, 수줍어하다, 실내 장식, 염려하다, 가구점, 커튼 센터, 일러 주다, 올케, 말짝	학습자가 단어의 의미를 학습자 모국어(영어)로 대답하지 못하면 교사가 모국어(영어)로 알려 준다.	어휘목록 학습지

		T : '철부지'는 무슨 뜻일까요? S : (영어로 의미를 답한다.) T : '매사'는요? S : (영어로 의미를 답한다.) * '철부지'부터 '말짝'까지 단어의 의미를 학습자 모국어인 영어로 확인한다. 철부지, 매사, 신신당부하다, 단박에, 호감이 가다, 살림살이, 알뜰하다, 아기자기하다, 동화, 꾸미다, 꽤나, 수줍어하다, 실내장식, 염려하다, 가구점, 커튼 센터, 일러주다, 올케, 말짝 T : 동의어 연습을 해 볼까요? 다음 어휘들과 같은 의미의 단어를 본문에서 찾아보세요. 한 번에, 좋은 느낌이 들었다, 가르쳐 주다, 오빠의 아내 * 학습자들은 본문에서 해당 어휘를 찾아 대답한다. T : 네. 잘했습니다. 모두 수고했어요.		

3.5 활동③

학습 단계	시간	학습 활동(교사 - 학습자)	유의점	준비물
문법 학습	5분	T : 여기에서 우리가 배울 문법은 간접화법이에요. 교재에 나온 간접화법에 대한 문법 설명을 먼저 읽어 봅시다. * 교사는 문법 내용과 예문을 설명한다.	교사는 답을 확인할 때 학습자가 틀린 부분을 학습자 모국어(영어)로 설명한다.	학습지

간접화법

간접화법은 말하는 사람이 들은 내용을 전달하는 사람의 입장에서 옮겨 말하는 것을 의미한다. 명령문은 '-(으)라고 하다'를 사용해 간접화법으로 바꿔 표현한다.

(예) • 어머니가 아이에게 길을 건널 때 "조심해."라고 합니다.
→ 어머니가 아이에게 길을 건널 때 조심**하라고 합니다**.
• 친구가 "소금을 저에게 좀 주세요." 라고 말했습니다.
→ 친구가 소금을 좀 **달라고 했습니다**.
• 친구가 "이 과자를 저 아이에게 주세요."라고 말했습니다.
→ 친구가 이 과자를 저 아이에게 **주라고 했습니다**.

T : 그럼, 다음에 나오는 연습 문제를 풀어 봅시다.

연습

Ⅰ. 다음에 알맞은 것을 고르세요.
1. 아이는 엄마에게 우유를 (달라고, 주라고) 했습니다.
2. 동생은 엄마에게 친구한테 우유를 (달라고, 주라고) 했습니다.

Ⅱ. 다음은 영희가 한 말입니다. 간접화법으로 바꿔 쓰세요.
1. 저에게 한국말을 가르쳐 주세요.
→ ______________________________.

		2. 우리 아기를 잠시 돌봐 주세요. → ____________________________. 3. 저를 백화점 앞에 내려 주세요. → ____________________________. 4. 저 학생을 좀 도와주세요. → ____________________________. 5. 이 편지를 사무실 동료에게 보내 주세요. → ____________________________. 6. 컴퓨터를 동생에게 가르쳐 주세요. → ____________________________. T : 여러분, 다 썼습니까? 그럼 사라 씨부터 문제를 읽고 답을 말해 보세요. S : 네. 1번, 아이는 엄마에게 우유를 달라고 했습니다. T : 네. 맞았습니다. 그 다음을 마이클 씨가 해 보세요. * 교사가 지적한 순서대로 답을 말한다.		

3.6 마무리

학습 단계	시간	학습 활동(교사 - 학습자)	유의점	준비물
확인 학습	5분	T : 여러분, 오늘 배운 어휘와 문법을 잘 알겠습니까? 배운 어휘 중에서 10개(신신당부하다, 철부지 등을 교사가 선정함)의 의미를 영어로 무슨 뜻인지 외워 오세요. 그리고 이 어휘를 넣어 문장을 만들어 오세요. 그리고 문법		

'-달라고 하다', '-주라고 하다'를 활용해서 문장을 3개씩 만들어 오세요.

S : 네. 알겠습니다.

T : 그럼, 다음 시간에 봅시다. 이만 수업을 마치겠습니다.

참조 : 이화여자대학교 언어교육원(2008), 「유학생을 위한 대학한국어2 읽기·쓰기」, p.236~245, 서울: 이화여대 출판부

제2장 직접식 교수법 (Direct Method)

1 개요

교수 목표	일상 언어의 사용을 통해 의사소통 능력을 신장한다.
교수 중점	정확한 발음과 정확한 문법을 구사한다.
교수 방식	모형과 음성 언어를 중심으로 수업한다.

직접식 교수법은 목표어를 '직접' 사용하여 교수－학습 과정을 진행하는 방법이다. 이는 목표어에 학습자들을 그대로 노출시킴으로써 보다 자연스럽게 목표어를 통한 의사소통 능력을 신장시키고자 하는 데 교수－학습의 주안점을 두기 때문이다.

이를 위하여 교실에서는 절대로 모국어를 사용하지 않는다. 이때, 목표어로 말을 하더라도 정상적인 속도로 자연스럽게 말해야 하며 교사는 목표어를 정확히 발음해야 하고 문법 또한 틀리지 않게 사용해야 한다. 목표어 자체가 수업의 매개어이기 때문이다.

수업에서는 문법 규칙 등을 직접 설명하지 않으며 직접적이고 자연스럽게 목표어를 사용하도록 학습자를 통제한다. 이런 과정을 거치면서 학습자는 목표어의 문법 규칙을 귀납적으로 추론하게 된다. 따라서 수업 활동에서는 질의와 응답이 가장 중요한 교수－학습 방식이 된다.

2 기본 수업 절차

단계	과정	활동 및 역할		시간
		교사	학습자	
도입	인사 전시 복습 동기 유발	• 인사하기 • 전시(前時) 내용 복습 • 학습 동기 고취, 흥미 유발	• 인사하기 • 전시(前時) 내용 상기 • 적극적 반응	5분
제시	텍스트 제시	• 텍스트 제시(읽히기) • 주요 내용 및 표현 설명	• 제시된 텍스트 읽기 • 어려운 부분 질문하기	10분
질의 및 응답	묻고 답하기	• 내용 이해를 위한 질문 • 학습자의 질문에 대한 답변	• 교사의 질문에 대한 응답 • 텍스트 읽고 질문 만들기	20분
연습	내용 확인하기	• 다양한 연습 활동 유도 • 대체, 변형, 받아쓰기 등	• 다양한 연습 활동	10분
마무리	정리	• 학습 내용 요약하기	• 학습 내용 확인하기	5분

3 수업 모델

3.1 수업 개요

학습 단원	날씨와 생활
학습 목표	인용문을 이용하여 들은 내용을 전할 수 있다.
기　　능	안내 방송 이해하기
학습 대상	중급 학습자 10명 내외
학습 내용	-(으)ㄴ/는다고 하다, -(으)로 인해서, -(으)ㄴ/는 걸 보니까

3.2 도입

<table>
<tr><th colspan="2">학습 단계
(시간)</th><th>학습 활동(교사 – 학습자)</th><th>유의점</th><th>준비물</th></tr>
<tr><td rowspan="3">도입
(5분)</td><td>인사
(1분)</td><td>T : 여러분, 안녕하세요?
S : 선생님, 안녕하세요?
T : 오늘은 날씨가 바람이 불고 흐리네요. 오늘 학교에 오다가 보니까 많은 사람들이 우산을 들고 있더군요.
S : 비가 올 것 같아요. 하늘이 흐리잖아요.
T : 맞아요. 오늘 비가 올 거예요. 선생님이 아침에 일기예보를 들었는데 그렇게 말했어요. 내일 비가 온 뒤에 날씨가 추워질 거예요. 추워지면 감기에 걸리지 않도록 조심해야 돼요.</td><td>전시에 학습한 문형을 이용하면서 이번 차시에 학습할 내용과 관련된 화제로 인사한다.

이번 차시에 학습할 문법 항목을 사용하지 않으면서 이야기한다.</td><td></td></tr>
<tr><td>전시
학습
(3분)</td><td>T : 우리는 지난 시간에 '-더군요', '-거든요', '-(으)ㄹ까 하다'에 대해 배웠어요. 다 기억 나죠?
S : 그럼요. 다 생각나죠.
T : 역시 우리 반 학생들은 똑똑해요.
* 몇 개의 대화문으로 전시 학습 내용을 복습한다.
* 학습자들과 자연스럽게 대화하면서 문법 항목을 복습한다.</td><td></td><td></td></tr>
<tr><td>동기
유발
(1분)</td><td>T : 빌리 씨, 주말에 뭘 할 거예요?
S : 여자 친구랑 등산을 갈까 해요.
T : 아, 그래요? 좋겠네요. 그런데 내일 비가 올지 모르는데 괜찮을까요?
S : 네, 괜찮아요. 비가 적당히 오면 더 분위기가 좋잖아요.
T : 하하. 빌리 씨는 아주 낭만적이군요. 그래도 산에서는 비가 오면 위험하니까 안내 방송이나 경고 방송을 잘 들어야 돼요. 알겠지요?
S : 네, 선생님, 걱정하지 마세요.</td><td>학습자 개인의 생활환경, 취향 등과 연결하여 대화를 이끌어 나간다.</td><td></td></tr>
</table>

3.3 제시 및 설명

학습 단계(시간)		학습 활동(교사 – 학습자)	유의점	준비물
제시 및 설명 (10분)	들려주기 (3분)	T : 자, 그럼 오늘 공부할 내용을 잘 들어 보세요. 책을 보지 말고 들어 보세요. S : 네, 알겠습니다. * 2회 정도 원어민의 음성을 들려 준다.		CD/카세트 테이프
	설명하기 (7분)	T : (교재 내용을 다 들려 준 후) 잘 들었어요? 몇 가지 어려운 말이 있었죠? S : 네, 아주 많아요. 어려워요. T : 하하. 그래요? 어떤 게 어려웠는지 선생님이 맞혀 볼까요? 음……. '금일'이 어려웠을 것 같은데, 맞아요? S : 네, 그게 무슨 뜻이에요? T : 네, 금일은 어제가 아니에요. 그리고 내일도 아니에요. 그럼 뭘까요? S : 아, 그럼 오늘? T : 네, 맞아요. 금일은 오늘이라는 뜻이에요. 금일과 오늘은 같은 뜻을 가진 말이에요. 또, '지연되고 있습니다.'에서 '지연되다'가 무슨 뜻일까요? S : 잘 모르겠어요. T : 음……. 예를 들어, 기차를 타려고 서울역에 갔어요. 그런데 2시에 출발하는 기차가 2시 20분이 되었는데 출발하지 않았어요. 출발이 늦어진 거죠? 그게 바로 '지연되는' 거예요. 알겠어요? S : 네, 선생님. T : 또, '손님 여러분의 양해를 바랍니다.'라고 했는데 들었어요?	설명할 때에는 반드시 목표어만을 사용한다. 일상에서 사용하는 어휘나 문장만을 이용한다. 발음과 문법의 정확성을 높이기 위해 즉각적인 피드백을 제공한다.	어휘 설명을 위한 교구(教具)(실물, 그림, 사진 등)

S : 네, 그런데 무슨 뜻이에요?
T : 출발 시간이 20분이나 지났는데 아무도 이유를 말해 주지 않으면 여러분은 마음이 어떨까요? 화가 나겠죠? 그래서 서울역의 담당자가 승객들에게 미안하다고 하는 거예요. 사정이 있어서 늦게 출발하게 되었다고 말하는 거예요. 그러면 여러분은 이유를 알았으니까 기분이 나쁘지 않겠죠? 이렇게 상대의 사정을 이해하고 받아들이는 것을 '양해하다'라고 해요.
* 이와 같은 방식으로 학습자들이 어려워할 만한 어휘나 표현을 설명한다.

(1) 들려 주기

직접식 교수법은 일상 언어의 사용을 주 목표로 하므로 듣기 텍스트는 일상 회화에서 많이 사용되는 어휘와 문법 중심으로 구성한다.

(2) 설명하기

명료한 설명이 어려울 경우, 시범을 보이거나 실물, 그림 등을 통해 설명하고, 추상적인 어휘 등은 개념의 연상을 통해 설명한다.

어휘를 설명할 때에는 개별 단어가 아닌 문장을 사용해서 하도록 한다. 동의어나 반의어를 활용하거나 문맥 등을 활용하여 그 의미를 파악하도록 설명하는 것이 중요하다.

대화문 예시

[안내 방송]
안내 말씀 드리겠습니다. 금일 오전 8시 40분 도착 예정이던 뉴욕발 인천행 아시아나 항공기는 짙은 안개로 인해 도착이 지연되고 있습니다. 예정보다 50분 늦어진 9시 30분경에 도착할 예정입니다. 손님 여러분의 양해를 바랍니다.

나오코 : 빌리, 비행기가 늦어진대.
빌 리 : 나는 정확히 못 들었는데, 몇 시쯤 도착한다고 했지?
나오코 : 9시 30분쯤이라고 했어.
빌 리 : 그렇게 늦어지는 걸 보니까 안개가 꽤 심한가 봐.
나오코 : 아까 우리가 올 때도 앞이 보이지 않을 정도였잖아.
빌 리 : 참, 그랬지. 그런데 요즘 왜 이렇게 안개가 자주 끼지?
나오코 : 일교차가 심해서 그렇대.
빌 리 : 응, 그렇구나. 그럼 도착 시간까지 뭘 할까?
나오코 : 식사부터 하는 게 어때? 서둘러 나오느라고 아무것도 못 먹었거든.

3.4 질의 및 응답

학습 단계 (시간)		학습 활동(교사 - 학습자)	유의점	준비물
질의 및 응답 (20분)	텍스트 읽기 (5분)	T : 자, 그럼 지금부터 여러분이 직접 본문을 읽으면서 내용을 이해해 보세요. 여러분이 다 읽은 후에 선생님이 물어 볼 거예요. * 학습자들은 본문 텍스트를 읽으면서 질문할 것을 찾고, 또 교사의 질문에 대답할 준비를 한다.	학습자 활동을 할 동안 교사는 교실 분위기가 산만해지지 않도록 지도한다.	
	질문하고 답하기 (15분)	T : 다 읽었죠? 그럼 선생님이 물어 볼게요. 왕영, 비행기가 몇 시에 도착할 거예요? S1 : 9시 30분쯤 도착할 거예요. T : 여러분, 맞아요? S : 네, 맞아요. T : 네, 맞았어요. 왕영, 아주 잘했어요. 라우라, 비행기가 왜 늦게 도착해요? S2 : 비행기는 안개가 심해서 늦게 도착할 거예요. T : 네, 그래요. 잘했어요. 코지, 요즘 왜 이렇게 안개가 자주 끼어요?		그림을 활용한 대화

S3 : 책을 보니까 일교차? 일교차가 심해서 안개가 많이 끼어요. 선생님, 일교차가 뭐예요?

T : 하하. 코지는 안개가 끼는 이유는 알았는데 일교차가 뭔지 몰라서 정확하게 이해를 못했군요. 네, 일교차는……. 예를 들어, 아침 기온은 5도였어요. 하루 중에서 제일 온도가 낮을 때죠. 그런데 낮에는 기온이 올라가서 15도가 될 거예요. 그러면 아침하고 낮하고 온도 차이가 얼마나 되죠?

S3 : 온도 차이는 10도예요.

T : 그렇죠. 바로 오늘 일교차가 10도예요. 기온이 제일 낮을 때하고 제일 높을 때 차이, 그것을 일교차라고 해요. 오늘은 아침 기온하고 낮 기온이 별로 차이가 없어요. 그럼 이것을 어떻게 말할 수 있을까요?

S3 : 오늘은 일교차가 별로 없다. 이렇게 말하면 돼요?

T : 네! 맞아요. 아주 잘했어요.

S4 : 선생님, 질문이 있어요. "비행기가 늦어진대."라는 말이 있잖아요. '늦어진대.' 이것을 잘 모르겠어요.

T : 그래요? '늦어진다'는 말은 알겠어요?

S4 : 네, 그건 알아요. 그런데 '대', 이건 뭐예요?

T : 그건 나오코가 한 말이죠? 그런데 나오코는 비행기가 늦어진다는 것을 어떻게 알았을까요?

S4 : 방송을 들었으니까 알 수 있어요.

T : 아, 나오코도 다른 사람의 말을 들어서 아는 거군요. 예를 들어 볼까요? 나오코가 배가 아파요. 그래서 울고

싶어요. 코지가 나오코에게 물어 봤어요. "나오코 왜 그래?" 그러니까 나오코가 "코지, 나 지금 배가 아파." 이렇게 말했어요. 그런데 빌리가 와서 코지에게 물어 봐요. "코지, 나오코가 왜 울어?" 그러면 코지는 어떻게 말할까요?

S4 : 나오코는 배가 아파.

T : 네, 그렇게 말할 수도 있어요. 그런데 그때 "나오코가 배가 아프대."라고 하면 더 좋아요.

S4 : 아! 그러니까 다른 사람이 한 말을 듣고 또 다른 사람한테 말할 때 '대'를 쓰는 거예요?

T : 와! 코지 대단한데요. 여러분, 코지에게 박수! (짝짝짝)
그런데 여러분, 이렇게 다른 사람이 한 말을 듣고 다른 사람한테 말해주는 표현이 또 있는데 찾을 수 있어요?

S5 : 저요, 선생님. "9시 30분이라고 했어." 이것도 다른 사람한테 들은 것 같아요.

S6 : 선생님, "몇 시쯤에 도착한다고 했지?" 이것도 맞아요?

T : 와, 정말 대단해요. 맞아요. 또 하나 더 있는데 그건 뭘까요?

S7 : 아, 찾았다. "일교차가 심해서 그런대." 이것은 똑같은 '대'가 있어요.

T : 네, 그래요. 잘 찾았어요. 다른 사람의 말을 듣고 또 다른 사람에게 말해줄 때 '대', '다고 하다', '라고 하다'를 쓸 수 있어요.

* 이와 같은 방법으로 이번 차시의 나머지 목표 문법 항목에 대해서도 학습한다.

필요에 따라 인용 표현의 준말 형태를 설명할 수 있으나 학습자의 수준을 고려하여 난이도가 높다고 판단될 때에는 시행하지 않는다.

그림을 활용한 대화

질의와 응답 단계에서는 문법 항목에 대한 직접적인 설명은 가급적 피한다. 구체적인 상황을 예로 들어 학습자의 이해를 유도하는 방식으로 문법 항목에 대해 설명한다. 즉, 상황과 문맥 안에서 해당 문법 항목의 핵심적인 용법이 이해되도록 가르쳐야 한다는 뜻이다.

다만, 지나친 귀납적 추론은 학습자에 따라서 너무 어렵게 느껴지거나 용법을 이해하지 못하게 할 수 있으므로 설명을 마무리하는 단계에서 문형과 용법을 연계하여 요약적으로 제시하는 방식을 취할 수도 있다.

학습자의 발화는 목표어의 완전한 문장으로 이루어지도록 지도하며, 교사도 목표어만으로 수업을 진행한다.

3.5 연습

학습 단계 (시간)		학습 활동(교사 - 학습자)	유의점	준비물
연습 (10분)	문형 연습	**〈빈칸 채우기〉** T : 자, 그럼 오늘 배운 것을 연습해 봅시다. (빈칸 채우기 연습문제 유인물을 나눠 준 후) 선생님이 나눠준 핸드 아웃의 빈칸을 채워 보세요. * 원어민의 음성을 들려준다. **〈전환 연습〉** * 필요에 따라 '-고 하다'형의 인용 표현과 그 준말 형태를 서로 전환하는 연습을 할 수도 있다.	대화 텍스트를 보지 않도록 통제한다.	CD/카세트 테이프 연습문제 유인물

연습 단계에서는 읽기와 쓰기를 병행할 수 있다. 직접식 교수법은 주로 듣기와 말하기를 중심으로 수업이 이루어지므로 상대적으로 읽기와 쓰기 활동이 소홀히 다루어질 수 있다. 이를 보완하기 위하여 연습 단계에서 읽기와 쓰기를 병행하여 지도할 필요가 있다.

대화 텍스트를 학습자 간 짝활동이나, 소그룹 간, 교사와 학습자 간 역할을 정해서 읽게 할 수 있으며, 받아쓰기, 이유 서술하기, 자유 작문 등을 통해 쓰기 활동과 연계할 수 있을 것이다.

빈칸 채우기 연습문제 예시

[안내 방송]
안내 말씀 드리겠습니다. (   ) 오전 8시 40분 도착 예정이던 뉴욕발 인천행 아시아나 항공기는 (   ) 도착이 지연되고 있습니다. 예정보다 50분 늦어진 9시 30분경에 도착할 예정입니다. 손님 여러분의 (   ).

나오코 : 빌리, 비행기가 (   ).
빌　리 : 나는 정확히 못 들었는데, 몇 시쯤 (   )?
나오코 : (   ).
빌　리 : 그렇게 (   ) 안개가 꽤 심한가 봐.
나오코 : 아까 우리가 올 때도 앞이 보이지 않을 정도였잖아.
빌　리 : 참, 그랬지. 그런데 요즘 왜 이렇게 안개가 자주 끼지?
나오코 : (   )가 심해서 (   ).
빌　리 : 응, 그렇구나. 그럼 도착 시간까지 뭘 할까?
나오코 : 식사부터 하는 게 어때? 서둘러 나오느라고 아무것도 못 먹었거든.

3.6 마무리

학습 단계 (시간)		학습 활동(교사 - 학습자)	유의점	준비물
마무리 (5분)	복습 (3분)	T : 자, 이제 오늘 수업을 다했어요. 빌리, 나오코가 아파요. 선생님한테 말해 보세요. S1 : 선생님, 나오코가 아프대요. T : 아주 잘했어요. 코지, 라우라가 오늘 학교에 늦게 올 거예요. …… 코지, 라우라가 오늘 학교에 안 왔어요?	학습자의 실제 상황과 연계하여 간단하게 답할 수 있는 질문을 제시하되, 학습한 내용보다 어렵게 답	

	S2 : 선생님, 라우라가 오늘 학교에 늦게 올 거라고 했어요. T : 아주 잘했어요. * 이와 같은 방식으로 이번 차시에 학습한 문법 항목에 대해서 간단하게 복습한다.	해야 하는 경우를 피하도록 한다.	
정리 (2분)	T : 그럼, 마지막으로 다시 한 번 들어 봅시다.		CD/카세트 테이프

이상의 수업 진행 모델은 50분을 단위로 하여 듣기, 말하기 활동을 중심으로 1개 차시에 진행하는 것으로 설계되었다. 읽기, 쓰기는 듣기, 말하기와 병행하여 진행되기는 하지만 직접식 교수법의 특성상 그 비중이 크지 않다. 일반적인 교수 – 학습의 진행 단계에 비추어 볼 때, 직접식 교수법에서는 '활용' 단계가 생략되거나 미약하게 진행될 수밖에 없다. 따라서 이런 단점을 보완하는 차원에서 2개 차시로 구성할 경우에는 '도입 – 제시 및 설명 – 질의 및 응답' 단계를 1개 차시로, '연습 – 활용 – 마무리' 단계를 1개 차시로 구성하여 '연습'과 '활용' 단계를 강화할 수도 있을 것이다.

제3장 청화식 교수법 (Audiolingual Method)

1 개요

교수 목표	즉각적이고 정확한 말하기를 구사한다.
교수 중점	말하기 및 발음의 정확성을 높인다.
교수 방식	통제된 수업으로 제한된 자극과 즉각적인 반응을 유도한다.

청화식 교수법의 목표는 제시된 자극에 대해서 '옳은' 반응을 보이도록 하는 데 있으므로 교실에서는 '자동적'이고 '습관적'인 반응의 형성을 목표로 수업을 진행한다.

수업에서는 주로 대화를 암기하고, 즉각적이고 정확한 반응을 위해 문형 연습(pattern practice)을 집중적으로 실시하는데, 이것은 오류를 최소화함으로써 좋은 언어 습관을 형성하기 위해서이다.

2 기본 수업 절차

단계	과정	활동 및 역할		시간
		교사	학습자	
도입	인사 전시 복습 동기 유발	• 인사하기 • 전시(前時) 내용 복습 • 학습 동기 고취, 흥미 유발	• 인사하기 • 전시(前時) 내용 상기 • 적극적 반응	5분

제시	텍스트 제시	• 문형과 예제 판서 • 텍스트 제시(시범 보이기)	• 듣고 따라 하기	10분
연습	듣고 따라 하기	• 판서 내용 읽기 • 교사–학습자 활동 주도	• 듣고 따라 하기(읽기 병행) • 대화 연습 : 짝활동, 발표 등	20분
활용	확장된 반복 연습	• 다양한 연습 활동 유도 • 반복, 변형, 대체, 환언 등	• 다양한 연습 활동	10분
마무리	복습	• 판서 내용 다시 읽기 (또는 녹음 들려 주기)	• 암기 내용 확인하기	5분

3 수업 모델

3.1 수업 개요

학습 단원	학생 식당으로 갈까요?
학습 목표	상대방의 의견을 묻고, 자신의 의견을 제안할 수 있다.
기　　능	제안하기, 의견 묻기
학습 대상	초급 학습자 10~15명
학습 내용	-(으)ㄹ까요?, -(으)ㅂ시다

3.2 도입

학습 단계(시간)		학습 활동(교사–학습자)	유의점	준비물
도입 (5분)	인사 (1분)	T : 여러분, 안녕하세요? S : 선생님, 안녕하세요? T : 오늘은 날씨가 참 좋아요. 빌리 씨, 오늘 어디에 가고 싶어요? S : 백화점에 가고 싶어요. T : 왜요? S : 운동화를 사고 싶어요.	인사 단계에서 전시에 학습한 내용을 언급함으로써 전시 복습으로 자연스럽게 이어지도록 한다.	

	전시 복습 (3분)	T : 우리는 지난 시간에 '-고 싶다'를 공부했어요. 여러분, 많이 연습했죠? * 몇 개의 대화문으로 '-고 싶다'를 연습한다. 전시의 핵심 대화문을 암기하도록 한다. * 교사-학습자, 짝활동, 반을 둘로 나누어 대화를 암기한다.		
	동기 유발 (1분)	T : 빌리 씨, 백화점에 누구랑 가고 싶어요? S : 여자 친구랑 가고 싶어요. T : 하하. 여자 친구가 어디에 있어요? S : 미국에 있어요. T : 여자 친구가 보고 싶어요? S : 네, 많이 많이 보고 싶어요.	학습자 개인의 생활 환경, 취향 등과 연결하여 대화를 이끌어간다.	

3.3 제시

학습 단계 (시간)		학습 활동(교사-학습자)	유의점	준비물
제시 (10분)	들려주기 (5분)	T : 자, 그럼 오늘 공부할 내용을 잘 들어 보세요. 칠판을 보지 말고 눈을 감고 들으세요. S : 네, 알겠어요. (눈을 감는다.) T : (교재 내용을 다 들려준 후) 잘 들었어요? S : 네. 하지만 잘 알아듣지 못해요. T : 그러면 이번에는 선생님이 보여주는 그림을 보면서 들어보세요. * 본문 내용을 담은 그림을 보여준다.	학습자는 발음에 특히 유의하여 따라서 반복한다. 판서된 내용은 보지 않는다.	CD나 카세트 테이프 교재 내용을 반영한 그림
	따라하기 (5분)	T : 자, 이번에는 한 문장씩 잘 듣고 따라 하세요. S : 네, 선생님. * 녹음 내용을 한 문장씩 들려주거나 교사가 직접 읽어준다.		

(1) 들려주기

교사는 목표 문형과 어휘가 포함된 대화문을 판서하고 원어민의 음성을 들려준다. 이때 학습자는 눈을 감고 주의를 집중하여 듣는다.

눈 감고 듣기가 끝난 후, 학습자들이 내용을 보다 정확히 이해할 수 있도록 대화문의 내용을 그림으로 보여 주면서 다시 한 번 듣도록 한다.

(2) 따라 하기

본격적인 연습에 앞서, 학습자들이 들은 내용을 직접 확인할 수 있도록 한 문장씩 따라 하도록 한다. 녹음된 원어민의 대화를 들려주거나 교사가 직접 읽으면서 따라 하도록 한다.

대화문 예시

빌　리 : 나오코 씨, 어디 가세요?
나오코 : 도서관에 가요.
빌　리 : 저는 점심을 먹고 싶어요.
　　　　같이 점심을 먹을까요?
나오코 : 네, 좋아요.
빌　리 : 어디로 갈까요?
나오코 : 학생 식당으로 갈까요?
빌　리 : 네, 좋아요. 같이 갑시다.

3.4 연습

학습 단계(시간)		학습 활동(교사 - 학습자)	유의점	준비물
연습 (20분)	듣고 따라 하기 (5분)	T : 자, 이제 선생님이 칠판에 쓴 것을 읽을 거예요. 그러면 여러분도 칠판을 보면서 같이 따라 하세요.		

	* 교사는 판서 내용을 2~3회 정도 읽는다. * 학습자들은 판서 내용을 보지 않고 문장 단위로 따라 한다. T : 이번에는 선생님하고 여러분하고 바꿔서 읽어 봐요. 여러분이 먼저 읽으세요. * 학습자들이 먼저 읽고, 교사가 따라 하는 방식으로 진행한다.		
읽고 암기 하기 (5분)	T : 그러면, 이번에는 여러분들이 빌리 씨, 나오코 씨가 되어서 연습해 보세요. * 짝활동, 발표, 체인 연습 등 다양한 방법으로 연습을 하도록 한다. * 학습자들은 판서나 교재의 대화문을 읽으면서 연습한다.	발음의 정확성을 높이기 위해 즉각적인 피드백을 제공한다.	
문형 연습 (10분)	**〈대체 연습〉** T : ('어디로 갈까요?'를 판서한다.) 자, 여기 보세요. 선생님이 단어를 보여 주면 여러분이 이야기해 보세요. (단어 카드를 차례로 보여 주며) 어디로 갈까요? S1 : 학생 식당으로 갈까요? T : 어디로 갈까요? S2 : 도서관으로 갈까요? T : 어디로 갈까요? S3 : 백화점으로 갈까요? * 이 밖에 반복 연습을 다양하게 진행한다.	다양한 연습 유형을 선택적으로 제시하여 지루한 연습이 되지 않도록 한다.	단어 카드 문형 카드

(1) 듣고 따라 하기

학습자들은 자신의 발음과 교사의 발음을 비교하면서 유심히 듣는다. 특히 순서를 바꿔서 학습자들이 먼저 읽고 교사가 따라 할 때 학습자가 교사의 발음과 자신의 발음을 비교하기가 더 쉽다.

(2) 읽고 암기하기

듣고 따라 하기를 통해서 어느 정도 연습이 이루어지면 교사와 학습자, 학습자 상호 간, 또는 반을 둘로 나누어 그룹과 그룹 간 대화 연습을 한다. 이때에는 대화문을 읽으면서 되도록 암기할 것을 강조한다. 이를 통해 목표 문형, 목표 어휘 등에 귀납적으로 접근하도록 유도한다.

(3) 문형 연습

어느 정도 암기가 되었다고 판단되면 이어서 문형 연습을 한다. 대화문 중에서 중요한 구문을 골라 대체 연습, 반복 연습, 변형 연습 등을 수행한다. 이때 학습자들이 적절한 응답을 하거나 정확한 발음을 구사했을 경우, 칭찬과 격려 등을 통한 교사의 강화 작용이 필요하다. 학습자들이 자신의 발화나 발음에 대한 확신을 가짐으로써 자신감을 갖고 연습에 임하면 목표 문형이나 발음의 습득이 보다 쉬워지기 때문이다.[1]

발음의 정확성을 높이기 위해 학습자가 발음의 오류를 보일 때에는 즉각적인 피드백을 통해 교정한다. 단, 구조화된 패턴 연습을 할 때에는 사소한 발음 오류는 무시할 수 있다. 이것은 암기한 문형을 반사적으로 구사하도록 하는 데 중점을 두기 때문이다. 무시해도 좋을 만한 발음 오류 때문에 반사적 패턴 연습이 지장을 받지 않도록 주의한다.

문형 연습은 확장된 반복 연습을 통해 활용 단계까지 진행할 수도 있다.

연습 유형

[대체 연습] 단어 카드, 문형 카드 제시

A : 빵을 먹을까요?

B : 우유를 마실까요?

1) 이러한 교사의 강화 작용은 비단 문형 연습뿐만 아니라 수업 시간 전체에 걸쳐 수시로 행하는 것이 좋다.

C : 서점에 갈까요?
D : 공부를 할까요?
E : 운동화를 살까요?

[완결 연습]
A : 같이 점심을 ________.
B : 먹을까요?
C : 같이 서점에 ________.
D : 갈까요?
E : 시장에서 운동화를 ________.
F : 살까요?

[질의-응답 연습]
A : 무엇을 먹을까요?
B : 빵을 먹읍시다.
C : 어디로 갈까요?
D : 학생 식당으로 갑시다.
E : 무엇을 살까요?
F : 운동화를 삽시다.

3.5 활용

학습 단계 (시간)		학습 활동(교사-학습자)	유의점	준비물
활용 (10분)	문형 활용하기 (3분)	T : 이제 두 사람씩 나와서 이야기해 봅시다. * 두 명의 학습자를 지목하여 본문의 대화문으로 이야기하게 한다. * S1이 빌리, S2가 나오코가 되어 대화문을 역할극으로 수행한다.	교사는 피드백과 강화 작용을 수행한다.	단어 카드 문형 카드
	대화 상황	T : 자, 여기는 식당이에요. 여러분이 식당에 왔어요. 우리 지난번에 식당에서		

이해 하기 (7분)	주문하는 것을 배웠어요. 맞아요? S : 네, 맞아요. T : 좋아요. 그러면 두 사람이 나와서 이야기해 보세요. * 두 명의 학습자를 지목하여 주어진 상황에서 학습한 문형으로 대화하게 한다. * '-(으)ㄹ까요?'와 '-(으)ㅂ시다'의 문형 카드를 제시한다. S1 : 왕영 씨, 무엇을 먹고 싶어요? S2 : 저는 김치찌개를 먹고 싶어요. 코지 씨는 무엇을 먹고 싶어요? S1 : 저는 불고기를 먹고 싶어요. S2 : 와, 불고기는 비싸요. 돈이 없어요. 같이 김치찌개를 먹읍시다. * 교사와 다른 학습자들의 적극적 반응 : 웃음 S1 : 아니에요. 저는 돈이 많아요. 우리 부모님이 부자예요. 같이 불고기를 먹읍시다. S2 : 좋아요. 불고기를 먹읍시다.		

(1) 문형 활용 연습

활용 단계의 처음에 대화문의 내용을 그대로 모방하여 두 사람이 역할극을 수행하도록 한다. 단순히 암기한 것을 발화하는 것이 아니라 실제 상황처럼 말하고 행동하게 한다.

이 밖에 자칫 지루해질 수 있는 연습 단계를 마쳤으므로 이 단계에서 학습의 흥미를 유발하기 위한 활동을 할 수도 있다. 몇 개의 팀을 만들어 단어와 문형 카드를 적절하게 배열하는 게임을 하는 등 여러 가지 재미있는 활동 등을 구상할 수 있을 것이다.

(2) 대화 상황 이해 연습

대화문의 상황과 유사한 상황을 제시하여 수업 시간에 익힌 문형을 적절하게 사용한 대화를 하도록 유도한다. 역할극을 수행하는 동안 교사와 다른 학습자들은 적극적으로 반응함으로써 역할 수행자들이 자연스럽게 대화 상황을 만들어 가도록 도와준다.

청화식 교수법은 모방과 반복에 의해 구문을 습득하고 정확한 발음을 구사하도록 하는 데 초점을 두고 있어서 문장이 사용되는 상황이나 전체적인 맥락의 연결 등에는 크게 관심을 두지는 않는다. 따라서 실제 상황에서 학습자의 적응 능력을 향상시키기 어렵다는 문제점이 지적되어 왔다. 이러한 점을 고려하여 제한된 범위이기는 하지만, 학습한 문형을 적용할 수 있는 활동을 '활용 단계'에 편성하는 것도 고려해 볼 만하다. 위에서 제시한 '대화 상황 이해 활동'이 바로 한 예가 될 것이다.

3.6 마무리

학습 단계 (시간)		학습 활동(교사－학습자)	유의점	준비물
마무리 (5분)	복습 (3분)	T : 자, 이제 오늘 수업을 다했어요. 마지막으로 우리 같이 이야기해 볼까요? 선생님이 빌리 씨, 여러분이 나오코 씨예요. 이야기해 보세요. T : 나오코 씨 어디 가세요? S : 도서관에 가요. T : 저는 점심을 먹고 싶어요. 같이 점심을 먹을까요? S : 네, 좋아요. T : 어디로 갈까요? S : 학생 식당으로 갈까요? T : 네, 좋아요. 같이 갑시다.	교사의 발화에서도 최대한 오늘 학습한 문형을 사용하도록 한다.	

정리 (2분)	T : 잘했어요. 마지막으로 두 사람의 대화를 다시 들어 봅시다.	CD/카세트 테이프

(1) 복습

대화문을 암기하여 말하기 방식 이외에 교사가 대화문을 읽어주고 학습자들이 받아쓰게 하는 방식으로 진행할 수도 있다. 받아쓰기 방식은 모방과 반복을 통해 익힌 것을 확실하게 인지하였는지를 확인하는 수단으로 유용할 것이다.

(2) 정리

학습한 내용을 원어민의 음성으로 다시 한 번 들으면서 정리한다. 필요에 따라 과제를 부과할 수도 있다.

이상의 수업 진행 모델은 50분을 단위로 하여 듣기, 말하기, 읽기, 쓰기를 모두 1개 차시에 수행하는 것으로 설계되었지만 학습자의 수용 여부에 따라 특정 영역으로 제한하여 수행할 수 있다. 즉, 듣기와 말하기를 1차시로, 읽기와 쓰기를 2차시로 하여 모두 2개 차시로 구성할 수 있다.

2개 차시로 구성할 경우, 1차시에는 듣기와 말하기만으로 도입－제시－연습－활용－마무리의 5단계를 구성하고 2차시에는 같은 방식으로 읽기와 쓰기로 구성하는 방식을 취할 수 있다.

한편, 수업 단계별로 '도입－제시－연습－활용－마무리'를 1개 차시로 구성하였으나 대화문의 난이도에 따라 '연습'과 '활용' 단계를 강화한다면, 1차시에서 '도입－제시－연습'을 하고 2차시에서 다시 '연습' 단계를 포함하여 '연습－활용－마무리' 단계로 구성할 수도 있을 것이다.

제4장 침묵식 교수법 (The Silent Way)

1 개요

교수 목표	목표어의 기본 요소를 이해하고 구사할 수 있다.
교수 중점	원어민에 가까운 유창성과 정확성을 겸비한 발음, 정확한 쓰기 능력을 구비한다.
교수 방식	학습자 스스로 자각하고 수정하는 발견 학습을 유도한다.

침묵식 교수법은 학습자 스스로 자각하여 스스로 수정하게 하는 것을 가장 큰 특징으로 한다. 따라서 교사가 학습자의 발견에 개입하지 않으며, 암기 대신 인지를 위한 연습을 시킨다. 이를 위하여 교사는 가능한 한 침묵을 지키며 도표나 색깔 막대, 손짓, 몸짓, 지시봉 등을 사용하여 학습자들의 상호 활동에 중점을 두어 수업을 진행한다. 학습자의 오류 역시 거의 수정해 주지 않으며, 학습자가 스스로 교정하거나 동료 학습자가 교정하게 한다. 교사의 교정은 두 가지 방법으로 해결이 안 될 때에만 제한적으로 제공된다.

학습 자료는 학습자의 연상을 돕는 매개체로 작용하게 되며, 의사소통을 위한 창조성과 흥미 유발의 도구로써 활용된다.

2 기본 수업 절차

단계	과정	활동 및 역할		시간
		교사	학습자	
도입	인사 전시 복습 동기 유발	• 인사하기 • 전시(前時) 내용 복습 • 학습 동기 고취, 흥미 유발	• 인사하기 • 전시(前時) 내용 상기 • 적극적 반응	5분
제시	자료 제시	• 문형과 예제 제시 • 음색표(sound color fidel chart), 색깔 막대 제시	• 음색표/색깔 막대 보고 생각하기 • 음색표/색깔 막대 보고 이해하기	10분
연습	발음 및 구조 연습	• 단어의 음색표 제시 • 색깔 막대 제시	• 음색표 보고 발음하기 • 색깔 막대 보고 말하기	20분
활용	활동 및 관찰	• 활동 안내 및 관찰	• 교사의 지시에 따른 응답 • 학습자 간 연습 및 활동	10분
마무리	복습	• 내용 확인 및 정리	• 발음하기, 문형 말하기	5분

3 수업 모델

3.1 수업 개요

학습 단원	여기가 학생 식당입니다.
학습 목표	특정 장소를 묻고 대답할 수 있다.
기 능	장소 묻고 대답하기
학습 대상	초급 학습자 10명 내외
학습 내용	발음 및 문형, 구조, 어휘

3.2 도입

학습 단계 (시간)		학습 활동(교사－학습자)	유의점	준비물
도입 (5분)	인사 (1분)	T : (표정과 손짓, 몸짓 등으로 '안녕하세요'의 의미를 표현한다. 아울러 해당 의미를 담은 색깔 막대를 제시한다.) S : 선생님, 안녕하세요? * 교사가 말을 하지 않으므로 이미 학습한 음색표와 색깔 막대, 손짓, 몸짓, 표정 등을 최대한 활용하여 학습자의 발화를 유도한다.	인사 단계에서부터 말을 하지 않는다.	음색표 색깔 막대
	전시 복습	T : (전시에 학습한 표현을 나타내는 색깔 막대를 칠판에 붙이고 원어민의 음성을 들려준다.) S : 안녕하세요? 고맙습니다. / 감사합니다. 미안합니다. / 죄송합니다. 안녕히 가세요. / 안녕히 계세요. 안녕! / 안녕!	학습자들의 성취 수준을 고려하여 오류를 발견하게 하고 학습자 간 상호 교정하게 유도한다.	색깔 막대 CD/카세트 테이프
	동기 유발	T : (전시에 학습한 자모의 음색표와 유사한 색상의 음색표로 새롭게 학습할 단어의 발음을 조합하여 제시함으로써 학습자가 발음하게 한다. 이와 함께 해당 단어의 실물 사진이나 그림을 제시한다.) S1 : 여기, 저기 S2 : 학교, 교실, 도서관 S3 : 운동장, 학생 식당, 우체국	정확한 발음이 도출되지 않더라도 무시하고 넘어간다.	실물, 사진, 그림 음색표 색깔 막대

3.3 제시 및 연습

학습 단계(시간)		학습 활동(교사 - 학습자)	유의점	준비물
제시 및 연습① (15분)	발음 제시 (5분)	T : (자모와 단어의 발음을 나타내는 음색표를 칠판에 붙이고, 원어민의 음성을 들려준다. 교사는 원어민의 음성에 맞춰 음색표에서 해당되는 자모와 단어의 색깔 블록을 가리킨다.) S : (교사가 가리키는 색깔 블록과 원어민의 음성을 연계하여 색깔 블록이 상징하는 발음을 인지하여 이해하도록 한다.)		
	발음 연습 (10분)	T : (다 듣고 난 후, 지시봉으로 음색표를 가리킨다.) S : (교사가 지시봉으로 가리키는 해당 음색표의 자모, 또는 단어를 발음한다.) 아, 어, 오, 우, 으, 이, 에, 애, ……, 가, 나, 다, 라, …… 여기, 저기, 학교, 교실, 도서관, 학생식당, 운동장, 우체국 * 단어의 음색표는 해당 단어를 구성하는 자모의 색깔 블록이 결합된 형태로 제시된다. T : (교사는 전체 학습자를 대상으로 연습을 진행하고, 이어서 소그룹별, 개별 지도를 진행한다.)		음색표 CD/카세트 테이프, 실물, 사진, 그림, 색깔 막대 지시봉
제시 및 연습② (15분)	구조 제시 (5분)	T : (문장을 표현한 색깔 막대를 칠판에 붙이고, 발음의 제시, 연습과 같은 방식으로 원어민의 음성을 들려준다.) S : (교사가 지시봉으로 가리키는 해당 색깔 막대의 문장을 인지하여 이해하도록 한다.)	발음의 제시, 연습과 같은 방식으로 진행한다.	

<table>
<tr>
<td>구조
연습
(10분)</td>
<td>T : (다 듣고 난 후, 지시봉으로 색깔 막대를 가리킨다.)
S : (교사가 지시봉으로 가리키는 해당 색깔 막대를 발화한다.)
어디입니까?
여기가 학교입니다.
여기가 교실입니다.
여기가 도서관입니다.
여기가 학생 식당입니다.
여기가 우체국입니다.
여기가 운동장입니다.
T : (문장 구조에 대한 기본적인 인지와 이해가 어느 정도 이루어지면 단어 대치를 통해 다양한 문형 구조를 제시한다.)
S : (교사의 지시에 따라 단어 대치의 방법으로 학습자 스스로 다양한 문장을 구성하는 연습을 한다.)</td>
<td></td>
</tr>
</table>

(1) 발음 제시

교사는 교실에서 되도록 말을 하지 않는 것을 원칙으로 하기 때문에 원어민의 음성을 들려주면서 수업을 진행하지만, 경우에 따라 교사가 직접 발음할 수도 있다. 음색표 상의 색깔 블록은 한국어의 모음과 자음의 발음을 상징하는데,[1] 교사가 특정 색깔 블록을 가리키면서 해당되는 원어민의 음성을 들려주면 된다. 단어는 자모의 색깔 블록이 결합된 형태로 제시되는데, 단어의 의미는 그림이나 실물, 사진, 동영상 자료 등의 다양한 도구를 통해 제시한다.

음색표 상의 동일한 색깔은 동일한 소리를 나타내는 것으로 약속하며, 색깔로 표현된 소리를 결합하면 다양한 음절, 다양한 단어를 표현할 수 있다.

1) 한국어의 자음은 단독으로 발음되지 않기 때문에 모음과 결합한 음절 단위로 발음 지도를 하는 것이 편리하다.

(2) 발음 연습

이렇게 색깔 블록으로 기본 자모의 발음을 익히고 난 뒤에는 학습자를 한 명씩 지목하여 교사가 지시하는 색깔 블록의 발음을 소리 내어 발화하도록 한다. 이때 제대로 발음하지 못하면 동료 학습자가 도와주어 발음을 하도록 한다. 단어의 발음 연습도 자모의 발음 연습과 같은 방식으로 진행한다.

한국어의 경우, 음절 구성의 특성상 단어의 제시와 연습은 물론, 자모의 경우에도 색깔 블록을 대치함으로써 매우 다양한 음절을 구성하여 연습할 수 있다.

(3) 구조 제시와 연습

문장의 경우에는 단어의 색깔 블록을 결합한 색깔 막대를 이용하여 제시한다. 교사는 단어의 음색표를 활용하여 단어 대치의 방법으로 다양한 문형 구조를 제시할 수 있다. 이렇게 문형 구조를 이해한 다음에는 단어 대치의 방식을 통해 학습자 스스로 문장을 구성해 보는 연습을 진행한다.

3.4 활용

학습 단계 (시간)		학습 활동(교사 - 학습자)	유의점	준비물
활용 (10분)	확장 연습	T : (학습자가 문장 구조를 이해했다고 판단되면 색깔 막대를 사용하여 해당 구문을 사용할 수 있는 상황을 교사가 만들어 준다.) S : (교사가 그림이나 동영상을 통해 제시하는 상황을 이해하고 스스로 문장을 만들어 본다.) T : (학습자들이 여러 가지 문장을 만드는 연습을 한 후에, 스스로 만든 문장을 소리 내어 읽기, 써 보기 등의 다양한 방식으로 구현해 보도록 한다.) * 오류는 학습자 스스로 교정하거나 동료 학습자의 도움을 받아 교정한다.	교사가 오류를 직접 교정하지 않고 틀렸다는 사실만 알려준다.	그림, 동영상

3.5 마무리

학습 단계 (시간)		학습 활동(교사-학습자)	유의점	준비물
마무리 (5분)	복습	T : (해당 차시의 주요 내용을 다시 한 번 반복하여 복습한다. 자모와 단어의 발음, 주요 문형의 구조 등에 대해 학습자들이 제대로 인지하고 이해하였는지를 확인한다.) S : (교사가 지시하는 색깔 블록, 색깔 막대 등을 자신 있게 발음하고, 문장은 써 본다.)		CD/카세트 테이프 음색표, 색깔 막대
	정리	T : (주요 단어와 텍스트를 원어민의 음성으로 들려주고 수업을 마무리한다. 마지막으로 '안녕히 계세요', '수고했어요' 등의 인사말을 구현한 색깔 막대를 제시하고 손짓, 표정 등을 통해 인사한다.) T : ('안녕히 가세요', '감사합니다' 등을 제시하여 학습자들이 발화하게 한다.) S : 선생님, 안녕히 가세요. 감사합니다.		

침묵식 교수법은 교사가 거의 말을 하지 않기 때문에 자칫 수업 분위기가 흐트러질 수 있으며, 학습자들이 집중하지 않으면 지루해지기 쉽고, 목표로 하는 학습 효과도 거두기 어렵다는 단점이 있으므로 교사의 적절한 통제 하에서 수업이 진행되어야 한다.

이상의 수업 진행 모델은 50분을 단위로 하여 자모와 단어의 발음, 주요 문형의 말하기, 듣기 위주로 수업이 진행된다. 이 모델은 읽기와 쓰기를 포함하여 모두 1개 차시에 수행하는 것으로 설계되었지만, 수업의 중심은 듣기와 말하기에 있기 때문에 읽기와 쓰기는 수업의 진행 속도를 고려하여 포함 여부를 결정할 수 있다.

2개 차시로 구성할 경우, 1차시에는 '도입－제시 및 연습 1(발음)－활용(발음)－마무리'의 단계로 구성할 수 있으며, 2차시에서는 '도입－제시 및 연습 2(구조)－활용(구조)－마무리'의 단계로 구성할 수도 있다.

제5장 공동체 언어 학습법 (Community Language Learning)

1 개요

교수 목표	구어의 유창함을 얻는 것에 목표를 두고 있다.
교수 중점	학습자와 교사가 정신적인 신뢰감을 갖도록 하고 교사는 진정함 상담자로서 학습자의 요구에 집중하면서 교수한다.
교수 방식	학습자는 자신의 모국어로 말하고 교사는 그 말을 목표어로 학습자들에게 번역해 준다. 학습자는 그 목표 문장을 가능한 한 정확하게 반복한다. 동일한 방식으로 다른 학습자는 모국어로, 이를 교사는 목표어로 그 말을 반복하면서 말하기 연습이 이루어진다. 이때 교사는 수업을 녹음하여 학습자들과 함께 이 녹음을 들어보며 새 언어의 언어 규칙이나 문법 항목에 대한 정보를 귀납적으로 설명한다.

공동체 학습법은 상담의 기본 원리를 반영한 교수법인데, 이 원리에 따르면 상담자인 교사는 의뢰자인 학습자의 요구 사항에 주의 깊게 관심을 보이면서 학습자가 교사에 의존하거나 무력하게 활동하는 것에서 벗어나 자기 확신에 의해 말할 수 있도록 도와야 한다.

2 기본 수업 절차

<table>
<tr><th rowspan="2">단계</th><th rowspan="2">과정</th><th colspan="2">활동 및 역할</th><th rowspan="2">시간</th></tr>
<tr><th>교사</th><th>학습자</th></tr>
<tr><td>과제 전</td><td>도입</td><td>• 수행할 과제에 대한 정보를 제공함</td><td>• 과제 수행의 상황과 그에 따라 필요한 표현을 미리 생각해 봄</td><td>2분</td></tr>
<tr><td rowspan="3">과제</td><td>말하기 및 녹음하기</td><td>• 학습자들이 정확한 한국어 문장을 사용할 수 있도록 지도함
• 정확한 발음의 지도를 위해 학생들의 발화를 녹음함
• 학습자들이 다양한 표현을 익힐 수 있도록 알려줌</td><td>• 미리 생각한 것을 말하면서 과제를 수행하기 위한 모국어 대화를 만들어 봄
• 모국어 대화를 한국어로 옮겨 봄
• 과제수행과 관련된 다양한 한국어 표현을 연습함</td><td>25분</td></tr>
<tr><td>토론하기</td><td>• 학습자와 경험을 공유하며 일방적 관계가 아닌 공동체임을 느낄 수 있게 함</td><td>• 과제 수행의 경험을 교사와 말하기</td><td>3분</td></tr>
<tr><td>전사하기</td><td>• 녹음한 내용들을 판서함
• 판서한 한국어 문장들의 명확한 의미와 발화의 기능을 학습자들에게 설명함</td><td>• 녹음한 발화를 재생하여 들으면서, 교사의 도움을 받아 한국어 표현의 정확한 의미를 이해함
• 주요 표현들을 학습자의 모국어로 번역함</td><td>20분</td></tr>
<tr><td>과제 후</td><td>반추하기</td><td>• 학생들이 정확한 발음을 습득할 수 있도록 함(이때 학습자들이 눈을 감고 발음에 집중하게 함)
• 각 그룹들 사이를 다니며 학생들이 올바른 표현을 할 수 있도록 도움</td><td>• 궁금했던 것들을 교사에게 질문하여 확인함
• 그룹을 이뤄 과제 해결과 관련된 여러 표현을 함께 만들어 봄
• 그룹을 이룬 활동에서는 서로 협력하여 활동함</td><td>7분</td></tr>
</table>

마무리	• 수업에서 배운 내용의 주제를 학습자들에게 확인해 줌 • 다음 수업에 대해 안내함	• 수업에 대한 느낌을 말함	3분

3 수업 모델

3.1 수업개요

학습 단원	학교 생활
학습 목표	학교 근처의 자주 가는 식당에 대해 이야기하고 좋은 식당을 추천할 수 있다.
기 능	음식 주문하기, 겹받침 발음하기
학습 대상	2~3급 영어권 학습자 10~15명
학습 내용	식당에서 사용하는 유용한 표현

3.2 도입

학습 단계	시간	학습 활동(교사 - 학습자)	유의점	준비물
도입	2분	**<인사>** T : 여러분, 안녕하세요? S : 안녕하세요? **<학습 내용 제시>** T : 여러분은 보통 수업 후에 어디에서 점심을 먹어요? 식당에 가면 무엇을 가장 먼저 이야기해요? 음식을 주문할 때 어떻게 말해요? 오늘은 식당에서 사용하는 표현에 대해 공부해 볼까요? 여러분은 식당에 들어가서 어떤 말을 하는지, 어떻게 음식을 시키는지 생각해 보세요. * 교사는 잠시 학습자들에게서 떨어져서 있는다.	교사는 인사, 학습 내용 제시 단계에서 학습자 모국어(영어)로 말한다.	

3.3 말하기 및 녹음하기

학습 단계	시간	학습 활동(교사 - 학습자)	유의점	준비물
말하기 및 녹음 하기	25분	**<생각한 것 말하기>** T : 여러분, 여기 녹음기를 중심으로 동그랗게 앉아 보세요.(영어) * 학습자들이 이동하여 원형으로 앉는다. T : 여러분은 식당에 들어가서 제일 먼저 어떤 말을 하나요? 영어로 이야기하면 선생님이 한국어로 번역해 줄 겁니다. 먼저 이야기하고 싶은 사람은 손을 들어 보세요.(영어) S : 저요. 식당에 들어가면 종업원이 물어봐요. '몇 분이세요?' 그럼 제가 '두 명이요.'라고 해요. (영어) * 교사는 이 말을 한국어로 옮겨 학습자들에게 알려 준다. T : 식당에 가면 종업원이 '몇 분이세요?', 그럼 마이클 씨가 '두 명이요' 라고 대답해요. (한국어) 같이 따라해 볼까요?(영어) * 학습자들은 교사가 한국어로 말한 문장을 따라 한다. S : 며 분이세요? 두 며니요. (한국어) * 학습자의 발음이 틀렸다. 교사는 이 발화를 녹음한다. T : 다같이 다시 한번 연습합시다. (영어) 몇 분이세요? 두 명이요. (한국어) S : 몇 분이세요? 두 명이요. (한국어) T : 다른 사람은 식당에 들어가면 어떻게 말해요? (영어) S : 종업원이 '예약하셨어요?'라고 하면, 제가 '네. 수잔으로 예약했어요.' 또는 '아니요. 예	교사는 '생각한 것 말하기'에서 학습자 모국어(영어)와 한국어를 번갈아 가면서 사용한다.	녹음기, 카세트 테이프

약 안 했어요.'라고 대답해요. (영어)

T : 네. 예약한 사람의 이름을 말하려고 할 때 아주 좋은 표현입니다. (영어) '수잔으로 예약했어요', '한국대학교 한국학과로 예약했어요.' (한국어) 같이 따라해 볼까요? (영어)

S : 수잔으로 애약했어요. 한국대학교 한국학과로 애약해서요.

* 학습자의 발음이 틀렸다. 교사는 이 발화를 녹음한다.

T : '애약해서요'가 아니라 '예약했어요'입니다. (한국어) 다같이 다시 한 번! (영어) 수잔으로 예약했어요. 한국대학교 한국학과로 예약했어요.아니요. 예약 안 했어요. (한국어)

S : 수잔으로 예약했어요. 한국대학교 한국학과로 예약했어요. 아니요. 예약 안 했어요.

* 한국어, 교사는 이 발화를 녹음한다.

T : 음식을 주문할 때 어떻게 말할까요?(영어)

S : '비빔밥 둘 주세요.', '비빔밥 둘이요.', '찜닭 이인분 주세요.', '찜닭으로 할게요.'(영어)

T : 이 표현은 '비빔밥 둘 주세요.', '비빔밥 둘이요.', '찜닭 이인분 주세요.', '찜닭으로 할게요.'로 말해요.(한국어) 따라해 보세요.(영어)

* 교사는 학습자들의 발화를 녹음한다.

……

* 이와 같은 방식으로 반복하여 학습자들이 식당에서 음식을 시킬 때 쓰는 표현, 추가로 음식을 주문하거나 종업원에게 음식을 더 달라고 부탁할 때 쓰는 표현, 음식 값을 계산할 때 쓰는 표현 등을 다양하게 익힌다. 그리고 교사의 도움을 받아 한국어로 바꾸어 정확하게 말하기 연습을 한다.

3.4 토론하기

학습 단계	시간	학습 활동(교사 - 학습자)	유의점	준비물
토론 하기	3분	**<대화 말하기와 녹음할 때의 느낌 말하기>** T : 여러분, 조금 전에 여러분이 말하는 것을 선생님이 녹음했는데 어땠어요? 많이 떨렸어요? S : 네. 긴장되었어요. S : 처음에는 많이 긴장되었는데 나중에는 괜찮았어요. T : 처음이라서 좀 어려웠을지 모르지만 자신이 이야기하려는 것을 한국어로 고쳐서 연습해 보면 많은 도움이 될 것입니다.	이 단계에서 교사와 학습자는 모두 학습자의 모국어(영어)를 사용한다.	

3.5 전사하기

학습 단계	시간	학습 활동(교사 - 학습자)	유의점	준비물
전사 하기	20분	* 교사는 녹음기를 틀어 조금 전에 학습자들의 이야기를 녹음한 것을 들려 준다. 녹음기 : 몇 분이세요? 두 명이요. 예약하셨어요? 네. 수잔으로 예약했어요. 한국대학교 한국학과로 예약했어요. 아니요. 예약 안 했어요. 비빔밥 둘 주세요, 비빔밥 둘이요, 찜닭 이인분 주세요, 찜닭으로 할게요. (등등) T : 여러분 다시 듣겠습니다. 마이클 씨, 한 문장이 끝날 때마다 녹음기를 일시 정지해 주세요. (영어) 녹음기 : 몇 분이세요? * 교사는 녹음기에서 문장이 나올 때마다 이를 칠판에 판서하고 학습자들은 판서한 내용을 공		녹음기, 카세트 테이프

책에 적는다.

녹음기 : 두 명이요.

* 전과 동일하게 교사는 녹음기에서 나온 문장을 칠판에 판서하고 학습자들은 공책에 판서 내용을 적는다.

이와 같은 방식으로, 교사는 녹음된 텍스트를 모두 칠판에 적고 학습자들은 공책에 적는다. 이때 교사는 각 문장에 번호를 붙인다.

T : 다음 대화를 볼까요? ①번 문장은 영어로 무슨 뜻입니까? (영어)

> 종업원 : 몇 분이세요?
> 손님 1 : 두 명이요.
> 종업원 : 예약하셨어요?
> 손님 2 : ①<u>수잔으로 예약했어요.</u>
> 종업원 : 이쪽으로 오세요.
> (자리에 앉은 후)
> 종업원 : ②<u>뭘 주문하시겠어요?</u>
> 손님 1 : ③<u>찜닭으로 이인분 주세요.</u>
> 종업원 : ④<u>후식은 뭐로 하시겠어요?</u> 커피와 녹차가 있어요.
> 손님 2 : 저는 커피 주세요.
> 손님 1 : 저는 녹차로 주세요.
> 종업원 : 네. 알겠습니다. 잠시만 기다려 주세요.

S : 예약을 했는데 예약한 사람의 이름을 수잔으로 했다는 뜻입니다. (영어)

T : 네. 맞아요. (영어)

* 이와 같은 방식으로 판서한 문장들, 특히 번호를 붙인 문장의 의미를 같이 논의하여 모국어로 번역해 보도록 한다.

3.6 반추하기

학습 단계	시간	학습 활동(교사 – 학습자)	유의점	준비물
반추 하기	7분	* 교사는 학습한 문장에 나온 발음에 대한 질문을 학습자로부터 받는다. S : (학습자가 손을 들며 '찜닭'을 가리키며)이거 어떻게 말해요? T : 찜닭, 찜닭 S : (조용히 듣는다.) T : 찜닭 S : (눈을 감고 듣는다.) T : 찜닭 S : (따라하면서) 찜닭 * 이와 같은 방식으로 학습자의 질문에 교사가 답을 주고 이에 대한 연습을 한다. T : 여러분, 배운 단어와 구절을 이용해서 식당에서 사용할 수 있는 새로운 문장을 만들어 보세요. 세 사람이 한 그룹이 되어 만들어 보세요. * 교사는 그룹 사이를 오가며 옳은 문장에 대해 피드백을 준다. T : 그럼, 여러분이 만든 문장이나 대화를 발표해 볼까요? S : 후식은 뭐가 있어요? 아이스크림과 케이크가 있어요. S : 무엇을 주문하시겠어요? 물냉면 하나, 비빔냉면 하나 주세요. * 학습자들은 자신의 그룹에서 만든 문장을 발표한다. T : 잘했습니다. 두 번 더 테이프를 듣겠습니다.	교사는 학습자들에게 처음엔 듣기만 하게 하고 다음은 눈감고 듣게 하고, 그 다음은 조용하게 따라하게 한다.	녹음기, 카세트 테이프

3.7 마무리

학습 단계	시간	학습 활동(교사 - 학습자)	유의점	준비물
마무리	3분	T : 여러분 오늘 수업은 식당에서 사용하는 표현을 배웠어요. 어땠어요? S : 재미있었어요. 다음 시간에는 뭐에 대해서 배워요? T : 다음 시간에는 전화로 비행기 표를 예약하는 표현을 배울 거예요. 다음 시간에 만납시다.		

제6장 전신 반응 교수법 (Total Physical Response)

1 개요

교수 목표	듣기 능력을 개발하고 이를 활용해 구어의 유창성을 기른다.
교수 중점	교사의 지시어, 명령을 듣고 학습자는 이에 적합한 반응을 한다.
교수 방식	소그룹 활동이나 역할극으로 진행된다.

전신 반응 교수법의 목표는 유창한 구어 사용 능력을 향상시키는 데 있다. 따라서 학습자는 교사의 명령이나 지시어를 정확히 듣고 이에 적합한 반응을 하게 되는데 학습자는 반복 연습을 통해 목표언어의 문법을 습득하게 된다. 이 교수법을 활용해 명령형의 연습이나 역할극을 통해 문법 학습 등이 주로 이루어진다.

2 기본 수업 절차

단계	과정	활동 및 역할		시간
		교사	학습자	
도입	학습 환경 조성	• 모국어로 수업 내용 설명 • 설명 후 모국어로 학습자 중에서 시범을 보일 사람을 자원받아 이들을 교실 앞으로 나오게 함 • 앞에 나온 학습자를 다른 학	• 다른 학습자들 앞에서 시범을 보일 사람으로 몇 명이 자원함 • 자원한 사람은 교실 앞으로 나와 다른 학습자들과 마주 보고 앉음	3분

		습자들과 마주보며 앉도록 하고 다른 학습자들에게 이 학습자들이 어떻게 행동하는지 보라고 함		
제시①	교사와 함께 시범	• 한국어로 교사가 지시어를 말함. 이때 교사도 지시어에 따라 행동을 보이며 시범조의 학습자에게도 동일한 행동을 하도록 신호를 보냄 • 다시 교사는 동일한 문법 형태의 다른 의미의 지시어를 말함. 그리고 교사 자신은 시범조와 같이 지시어에 알맞은 행동을 보임 • 동일한 방법으로 5~6개의 지시어를 말하고 이를 행동으로 수행함 • 5~6개의 지시어를 말하고 행동으로 보인 후 앞에서 학습한 순서가 아닌 다른 순서로 말하고 이를 행동으로 시범조와 같이 시범을 보임	• 시범조의 학습자는 교사의 신호에 따라 교사와 같은 행동을 수행 • 5~6개의 문장을 학습한 후 이를 학습한 순서가 아닌 다른 순서로 교사가 말하면 이에 적합한 행동을 수행	10분
연습①		• 교사는 시범을 보이지 않고 지시어를 말해 학습자들이 수행하도록 함 • 먼저 교사는 시범조의 1명을 지적해 그 학습자만 명령을 수행하도록 함 • 1명의 명령 수행 후 시범조가 아닌 다른 학습자들에게 지시어를 말하고 반응하게 함 • 전 학급의 학습자들이 잘 수행하는지 확인	• 교사의 지적을 받은 시범조의 학습자 1명이 먼저 교사의 지시에 따라 행동을 수행 • 시범조 이외의 학습자들이 교사의 지식에 따라 행동을 수행	7분

제시②		• 앞의 지시어가 아닌 새로운 지시어를 교사가 제시하고 이를 교사와 시범을 보임. 제시①과 동일하게 시범조를 먼저 따라하게 한 후 다른 학습자들이 따라하게 함	• 제시①과 동일한 방법으로 새로운 표현을 익힘	10분
연습②		• 연습①과 동일한 방법으로, 제시②에서 학습한 표현을 교사가 말하고 이를 학습자들이 행동으로 수행해 보도록 함	• 연습①과 동일한 방법으로 제시②에서 학습한 지시어를 듣고 이에 적합한 행동을 수행함	7분
활용		• 제시①과 ②에서 학습한 내용을 교사는 순서에 관계없이 말하고 이를 행동으로 수행하도록 함 • 제시①과 ②의 표현을 활용한 복합적인 표현을 지시하고 학습자들이 이를 수행하도록 함	• 제시①과 ②에서 학습한 내용을 교사의 지시에 따라 수행 • 제시①과 ②에서 학습한 내용을 복합시킨 지시어를 듣고 이에 적합한 행동을 수행	10분
마무리		• 오늘 수업 정리함 • 학습자들로부터 미진한 부분에 대해 질문 받음	• 오늘 배운 내용 중 모르는 것에 대해 질문함	3분

* 매번 교사는 지시문장을 칠판에 판서하고 이를 학습자들이 노트에 필기하게 한다.

* 제시②와 연습②는 선택적으로 적용할 수 있다.

3 수업 모델

3.1 수업 개요

학습 단원	소개
학습 목표	명령형의 의미를 알고 이에 적합한 행동으로 표현할 수 있다.
기 능	교실에서 필요한 표현 익히기 명령의 표현 이해하기
학습 대상	초급 영어권 아동 학습자 10～15명
학습 내용	-(으)세요

3.2 도입

학습 단계	시간	학습 활동(교사 – 학습자)	유의점	준비물
도입	3분	**<인사>** T : 안녕하세요? S : 안녕하세요? **<학습 내용 제시>** T : 오늘은 명령하는 표현과 물건 이름에 대해 공부하도록 하겠습니다. 혹시 선생님을 도와줄 사람 있어요? 손을 들어 보세요. S1 : 저요. S2 : 저요. S3 : 저도요. T : 그럼, 세 사람 앞으로 나와 보세요.	교사는 학습자 모국어(영어)로 발화한다. 학습자들이 다른 학습자들과 마주 보고 앉을 수 있도록 의자를 교실 앞에 둔다.	

3.3 제시①

학습 단계	시간	학습 활동(교사 – 학습자)	유의점	준비물
제시①	10분	T : (교사는 한국어로) 여러분, 여기 앉으세요. * 교사는 학습자들에게 앉으라고 신호를 보내고 교사도 의자에 앉는 행동을 보인다. S : (학습자들이 눈치를 보며, 교사의 행동을 따라한다.) T : 일어서세요. 일어서세요. * 교사는 학습자들에게 시범을 보이며 앞에 나온 학습자들은 교사의 신호에 따라 자리에서 일어난다. 다른 학습자들은 교사와 학습자들의 행동을 관찰한다.	교사의 지시어를 판서해서 학습자들이 공책에 쓸 수 있게 한다.	책상, 의자, 공책, 책 등 교실에서 볼 수 있는 소품

		T : 책을 읽으세요. 공책을 펴세요. 문을 보세요. * 동일하게 교사와 시범조 학습자들은 시범을 보인다. T : (앞에서 말한 순서를 바꿔서) 책을 읽으세요. 문을 여세요. 앉으세요. 일어서세요. 공책을 펴세요. * 교사와 시범조 학습자들은 시범을 보인다.		

전신 반응 교수법에서 교사는 학습초기에 학습자에게 발화를 강요하지 않고 긴장감에서 벗어나서 듣기에 집중할 수 있도록 돕는다.

어휘를 많이 모르는 학습자인 경우에는 동사를 활용해 명령형(읽으세요, 펴세요 등등)을 학습시키고, 그 다음에 어휘(책, 공책 등등)를 숙지하게 하고 마지막으로 어휘와 동사 명령형을 결합시킨 명령문(책을 읽으세요, 공책을 펴세요 등등)을 듣고 반응하게 한다.

3.4 연습①

학습 단계	시간	학습 활동(교사 – 학습자)	유의점	준비물
연습①	7분	T : (교사는 앉아서 말한다.) 문을 여세요. 문을 여세요. S : (시범조의 학습자들과 다른 학습자들이 교사의 말에 해당되는 행동을 한다.) T : (교사는 지시어의 순서를 바꿔서 시범을 보인 표현을 말한다.) 일어나세요. 공책을 펴세요. 등등		

전신 반응 교수법의 연습활동은 언어 형태에 초점을 두지 않고 동작으로 표현되는 의미에 초점을 둔 것이다. 이 활동을 통해 학습자들이 다양하게 움직임으로써 수업에 흥미를 느낄 수 있게 되며 활기차게 수업에 임할 수 있게 된다.

3.5 제시②

학습 단계	시간	학습 활동(교사 - 학습자)	유의점	준비물
제시②	10분	T : (칠판을 가리키며) 칠판을 가리키세요. (제시①과 동일하게 시범조와 교사가 시범을 보인다.) * 이와 같은 방법으로 교사는 '의자를 가리키세요.', '창문을 가리키세요.', '사전을 가리키세요.', '시계를 가리키세요.' 등과 같이 다른 표현도 시범을 보이고 이를 익히도록 한다.		

학습할 어휘나 표현을 지나치게 많이 선정하지 말고 적당한 양을 정해 연습하면서 익힐 수 있도록 해야 한다. 배워가면서 좀 더 긴 표현을 익혀 행동으로 이어갈 수 있도록 하면 더욱 좋다.

3.6 연습②

학습 단계	시간	학습 활동(교사 - 학습자)	유의점	준비물
연습②	7분	T : (다른 학습자들에게 같이 하자는 손짓을 하며) 의자를 가리키세요. 칠판을 가리키세요. S : (학습자들은 교사의 지시에 따라 행동한다.)		

3.7 활용

학습 단계	시간	학습 활동(교사 - 학습자)	유의점	준비물
활용	10분	T : (앞에서 배운 표현을 복습한다) 일어서세요. 앉으세요. 문을 보세요. 책을 읽으세요. 등등 (앞에서 배운 적이 없는 표현을 말한다.) 책상에 앉으세요. 의자에 서세요. 시계를 보세요. 책을 펴세요. (익숙해지면) 의자에 앉으세요. 그리고 책을 펴세요. 창문을 보세요. 그리고 책상에 공책을 펴세요. 등등 S : (교사의 지시에 따라 적합한 행동을 수행한다.)	연습이 수차례 반복되면 학습자들이 행동의 순서를 외우게 되므로 순서를 바꿔 연습하는 게 좋다.	

3.8 마무리

학습 단계	시간	학습 활동(교사 - 학습자)	유의점	준비물
마무리	3분	T : 네. 수고하셨습니다. 오늘은 여기까지 하겠습니다. 오늘 배운 것 중에서 질문 있어요? 없으면 여기에서 마치겠습니다. 다음 시간에 봅시다.	교사는 학습자 모국어(영어)로 이야기한다.	

제7장 암시 교수법(Suggestopedia)

1 개요

교수 목표	정서적 안정감을 통하여 의사소통 능력을 향상한다.
교수 중점	정서적, 예술적 기능을 활용한 언어 학습 능력을 극대화한다.
교수 방식	교실 환경 개선, 음악 활용, 학습자의 무의식을 자극하는 활동

암시 교수법은 학습자들이 실수에 대한 두려움이나 권위적인 분위기에 대한 긴장을 해소하고 안정된 심리 상태에서 학습함으로써 학습능력을 극대화할 수 있음을 전제한다. 따라서 교실 환경을 친근하고 밝게 꾸미고 리듬감 있는 음악을 수업에 활용하는 것이 중요한 특징이다.

교실에서 교사는 매우 전문적이고 권위 있는 역할로 학습자들이 심리적인 부담감을 느끼지 않고 수업에 집중할 수 있도록 유도해야 한다. 학습 자료는 전체적으로 짜임새 있게 구성된 것이며 학습자들의 요구에 잘 부합해야 한다. 그리고 교사는 이를 리듬감 있게 낭송하여 학습자들의 무의식을 강화하여 암기와 학습을 도와야 한다.

2 기본 수업 절차

단계	과정	활동 및 역할		시간
		교사	학습자	
도입	인사 복습	• 인사 • 분위기 조성－밝게 꾸민 교실, 편안한 의자, 배경 음악 • 질문을 통한 동기유발	• 인사 • 교사의 말과 행동에 신뢰를 가지고 교사의 질문에 대답한다.	5분
제시	제시와 토론	• 학습 자료 제시 • 어휘 및 내용 소개 • 간단한 토론 유도	• 편안한 마음으로 받은 유인물 검토 • 질문이 있으면 모국어로 교사에게 질문 • 내용에 대한 간단한 토론	10분
연습	낭독	• 음량과 억양을 조절하면서 리듬감 있게 대화문 낭독 • 한 문장씩 모국어로 번역	• 교사의 낭독을 들으며 모국어 번역과 비교 • 질문이 있으면 질문	5분
활용	역할극	• 2차 낭독으로 학습 내용 확인 • 학습자들에게 역할을 정해주고 역할극 유도	• 교사의 낭독을 들으면서 머릿속으로 번역해 보기 • 역할을 정해 대화문에 나오는 등장 인물의 배역을 맡아 연기	25분
마무리	명상	• 질문으로 내용 정리 • 음악과 함께 명상의 시간 제공	• 교사의 질문에 대답하면서 내용 정리 • 음악을 들으면서 명상하기	5분

3 수업 모델

3.1 수업 개요

학습 단원	생일 파티 준비
학습 목표	지금 하고 있는 일을 설명하고 도움을 부탁할 수 있다.
기 능	부탁하기
학습 대상	중급 학습자 10명 내외
학습 내용	-고 있어요, -(으)ㄹ 수 있어요?

3.2 도입

<table>
<tr><th colspan="2">학습 단계
(시간)</th><th>학습 활동(교사-학습자)</th><th>유의점</th><th>준비</th></tr>
<tr><td rowspan="2">도입
(5분)</td><td>인사
(2분)</td><td>T : 여러분, 안녕하세요?
S : 선생님, 안녕하세요?
T : 지금부터 선생님이 하는 것처럼 의자에 앉아서 편안하게 기댑니다. 그리고 음악을 편안하게 들으세요.
S : (학습자들은 교사의 지시의 따르며) 네.</td><td rowspan="2">학습자들이 최대한 심리적 중압감을 느끼지 않도록 분위기를 조성한다.</td><td rowspan="2">바로크 시대의 음악 (모차르트, 바흐)</td></tr>
<tr><td>유인물 배부
(3분)</td><td>(학습자들에게 유인물을 나눠 준다.)
T : 지금 선생님이 오늘 배울 대화문을 나눠 줄 거예요.
걱정할 필요는 없어요.
별로 어렵지 않은 것이니까요.
또 외우거나 시험을 치는 일도 없을 거예요.

* 학습자들은 유인물을 받아서 천천히 읽는다.</td></tr>
</table>

암시 교수법에서 가장 중요한 것은 학습자들의 심리적 안정감이라고 할 수 있다. 따라서 수업을 시작하기에 앞서서 교사는 교실 환경을 정비해야 한다. 교실에는 안락한 의자가 안정감 있게 배치되어 있어야 하며 벽지는 따뜻하고 밝은 느낌을 주어야 한다. 그리고 벽면에는 학습자들이 이번 주에 학습할 내용과 관련된 다양한 사진과 표현들이 자연스럽게 배치되어 있어서 학습자들이 학습 내용에 친숙해질 수 있도록 정비한다. 그리고 바로크 시대의 클래식 음악들을 준비하여 리듬감 있으면서도 안정적인 교실 분위기를 유지한다. 도입 단계에서 교사는 학습자들이 편안한 마음으로 명상을 할 수 있도록 도우며, 최대한 학습 부담감을 느끼지 않도록 유도하고 학습 자료를 배부한다.

3.3 제시

학습 단계 (시간)		학습 활동(교사－학습자)	유의점	준비
제시 (10분)	내용 및 단어 배우기	T : (교사는 간간이 학습자의 모국어와 목표어를 동시에 사용한다.) 여러분, 대화를 같이 봅시다. 이 대화에 나와 있는 사람들은 무엇을 하고 있어요? S : 파티를 준비하고 있어요. T : 그렇죠? 여러분은 파티를 할 때 무엇을 준비하는지 이야기해 보세요. * 학습자들이 이야기를 한다. T : 잘했어요. 이 사람은 누구의 파티를 준비해요? S1 : 언니의 파티를 준비해요. T : 언니는 여자예요? 나이가 이 사람보다 많아요? S2 : 네, 여자예요. 나이가 더 많아요.	학습자들이 자연스럽게 단어의 의미만 알 수 있도록 유도한다.	대화문이 적힌 유인물(별첨 자료 참고)

T : 네, 아주 잘했어요.
그릇은 뭐예요?
S3 : 부엌에서 사용해요.
T : '빌려 줄 수 있어요?'는 무슨 뜻이에요?
S1 : Can you lend me……?
T : 네, 맞아요.

이 단계에서는 교사가 유인물에 있는 단어와 표현의 의미를 간단하게 설명한다. 이 교수법에서는 특정한 문법이나 어휘를 가르치는 것이 아니라 주로 표현을 중심으로 한 긴 대화문이 수업의 교재로 쓰인다. 이때 유인물은 학습자의 모국어로 번역문이 제시되어 있기 때문에 학습자는 크게 부담을 느끼지 않고 교사의 질문에 대답할 수 있다. 만약 학습자가 목표어로 이야기하는 것에 부담감을 느낀다면 모국어를 대신 사용할 수도 있다.

대화의 예

가 : 지혜 씨, 뭐 하고 있어요?
바빠 보이네요.
나 : <u>지금 파티를 준비하고 있어요.</u>
가 : 그래요? 재미있겠네요.
무슨 파티예요?
나 : 우리 언니 생일 파티예요.
가 : 무슨 음식을 준비하려고 해요?
나 : 불고기를 만들 거예요.
가 : 맛있겠네요.
나 : 그런데 그릇이 많이 없어서 걱정이에요.
가 : 우리 집에 그릇이 아주 많아요.
나 : 그래요? <u>그릇을 좀 빌려 줄 수 있어요?</u>
가 : 네, 좋아요.
나 : 고맙습니다.
가 : 뭘요.

(한 쪽면은 학습자의 모국어로 번역되어 있다.)

3.4 연습

학습 단계 (시간)		학습활동(교사 - 학습자)	유의점	준비
연습 (5분)	듣고 읽기	T : 잘 했어요. 여러분은 오늘 배울 내용을 빠르게 잘 배울 수 있을 것 같아요. * 모차르트 바이올린 교향곡을 튼다. 선생님이 대화문을 먼저 읽겠어요. 대화문을 보면서 잘 들으세요. * 교사는 목표어로 천천히 한 단락을 읽고, 그 후에 번역본을 읽어 준다. S : (교사의 목소리를 들으며 교재의 내용을 읽는다.) T : 잘 했어요. 한 번 더 읽겠습니다. 이번에는 대화의 의미를 생각하면서 읽으세요. * 이번에는 평균적인 속도로 읽는다. T : 잘 했어요. 이제 잘 모르는 의미가 있으면 저한테 질문하세요. 없어요? 좋아요!	교사는 억양과 목소리를 조용하고 리듬감 있게 음악과 어울리도록 읽는다.	음악

이 단계는 교사가 제시된 유인물을 읽고 학습자가 따라하는 단계이다. 학습자들은 교사를 전적으로 신뢰하며 교사가 나눠준 유인물의 내용을 듣고 번역한 것을 함께 읽으면서 학습에 대한 부담감을 느끼지 않고 편안한 마음으로 숙달된 발음과 읽기 기술을 가진 교사의 대화 낭독을 듣는다. 이때 음악과 함께 교사의 리듬감 있는 대화를 들으면서 무의식적으로 대화의 표현을 암기하고, 더욱 친근감 있게 받아들이게 된다.

3.5 활용

학습 단계 (시간)		학습 활동(교사 - 학습자)	유의점	준비
활용 (25분)	역할극	T : 지금부터는 오늘 공부한 내용을 생각하면서 읽어보도록 할게요. 여기 파티용 모자를 쓴 사람이 파티를 준비하는 사람이에요. 그리고 여기 앞치마를 입은 사람은 옆집에 사는 사람입니다. ○○ 씨하고 ○○ 씨가 한번 해 볼까요? (학습자 두 사람이 소품을 취하고 대화문을 읽는다.) T : 잘 했어요. 아주 훌륭했어요. 이번에는 ○○ 씨하고 ○○ 씨가 해 볼까요? 불고기를 만드는 대신에 좋아하는 음식을 넣어서 한번 읽어보세요. 그리고 그릇 대신에 다른 필요한 물건을 빌려 보세요. (역할극이 끝난 후) 아주 잘 했어요! * 자발적으로 학습자들의 참여를 독려한다.	학습자가 오류를 범해도 지적하지 않는다. 즐거운 마음으로 임할 수 있도록 한다.	모자나 이름표 앞치마

이 단계에서는 학습자들이 상상의 여행을 떠나도록 한다. 학습자들은 대화 상황에 직접 몰입하여 정말 그 사람이 된 것처럼 실감나게 재연하도록 한다. 학습자들이 진행을 잘 못 할 경우에 교사가 먼저 소품을 사용하면서 시범을 보인다. 학습자들이 본 대화문의 내용을 잘 이해한 다음에는 자신이 원하는 단어로 적절하게 바꾸어 보도록 한다.

그리고 학습자들의 발화가 끝났을 때에는 즉각적으로 긍정적인 피드백을 해 주어서 학습자들의 의욕이 저하되지 않도록 한다.

3.6 마무리

학습 단계 (시간)		학습 활동(교사 - 학습자)	유의점	준비
마무리 (5분)	명상	T : 오늘 열심히 공부했죠? 여러분이 오늘 집으로 돌아가면 오늘 공부한 대화문을 자기 전에 한 번 읽고 자면 좋겠어요. 그렇다고 내일 시험이 있는 것은 아니니까 너무 부담감을 갖지 않아도 돼요. 그럼, 지금부터 선생님이 틀어주는 음악을 들으면서 의자에 편안하게 앉아서 오늘 배운 내용을 떠올려 보세요.		

마무리 단계에서 학습자들에게 부여되는 과제는 학습자들이 부담을 느끼지 않는 선에서 이루어져야 한다. 대부분 자기 전이나 아침에 일어났을 때 단기 기억이 장기 기억화될 수 있도록 학습자들에게 대화문을 읽을 것을 강조한다. 그러나 강요해서는 안 된다. 그리고 명상을 통해 오늘 배운 내용을 떠올리게 하면서 수업을 정리한다.

제8장 의사소통식 교수법 (Communicative Language Teaching)

1 개요

교수 목표	맥락과 상황에 맞는 의사소통 능력 향상에 초점을 둔다.
교수 중점	의사소통에 유의미한 말하기, 듣기, 읽기, 쓰기를 교육한다.
교수 방식	정확성보다는 유창성에 초점을 두고, 실제적 과제를 활용하고, 오류 수정을 최소화한다.

의사소통식 교수법의 목표는 학습자가 의사소통 상황에 적절한 말을 구사하여 자연스럽게 의사소통 목적을 달성할 수 있게 하는 것이다. 따라서 정확한 문법, 어휘 사용을 강조하기보다 학습자가 실제적 과제를 수행하거나 원하는 의사소통 기능을 수행하는 데 초점을 둔다.

수업 상황에서 교사는 학습자들이 다양한 활동에 참여하여 적극적인 상호작용을 할 수 있도록 촉진하는 보조적인 역할을 한다. 수업 자료는 실용적이며 실제적인 과제를 이용하여 학습자들이 상황과 맥락에 맞게 효과적으로 자신이 말하고자 하는 바를 전달할 수 있도록 계획된 것이어야 한다. 또한 언어의 네 기능인 듣기, 말하기, 읽기, 쓰기가 일련의 유기성을 가지고 통합적으로 제시, 연습될 수 있도록 유도한다.

2 기본 수업 절차

단계	과정	활동 및 역할		시간
		교사	학습자	
도입	인사 동기 유발	• 인사 • 사진, 질문 등을 통한 학습 내용 노출	• 인사 • 흥미를 가지고 학습할 내용에 대해 추측하기	5분
제시	상황 제시 및 학습할 표현 설명	• 시청각 자료를 통해 의사소통 상황 제시 • 학습할 내용 판서 및 설명	• 자료 보고 학습 내용이 사용되는 상황 맥락 이해 • 교사의 설명 듣고 이해하기	10분
연습	통제적 연습	• 어휘 및 주요 구문 연습 • 짝 활동을 통한 통제적인 연습 유도	• 교사의 지시에 따라 배운 표현을 정확하게 사용할 수 있도록 연습	10분
활용	의사소통 활동	• 역할극, 게임, 다양한 과제를 통해 실제 맥락과 유사한 의사소통 활동 유도	• 학습 내용을 자신의 생활과 연결시켜 여러 사람과 함께 자연스러운 의사소통하기	20분
마무리	학습 내용 확인 및 정리	• 질문을 통해 학습 내용 확인하기	• 교사의 질문에 대답하면서 표현 정리하기	5분

3 수업 모델

3.1 수업 개요

학습 단원	선택과 결과
학습 목표	과거의 행동에 대해 만족할 때나 후회스러울 때 사용하는 표현을 익히고 말할 수 있다.
기　능	생각과 감정 표현하기, 이유 말하기
학습 대상	중급 학습자 10명 내외
학습 내용	Avst기를 잘했다, Avst(으)ㄹ 걸 그랬다

3.2 도입

학습 단계(시간)		학습 활동(교사 - 학습자)	유의점	준비물
도입 (5분)	인사 (2분)	T : 여러분, 안녕하세요. S : 선생님, 안녕하세요. T : (S1을 보며) S1 씨, 오늘 빨간 색 옷을 입었네요. (쿠키를 주며) 빨간 색 옷을 입은 사람에게만 주는 선물이에요. S : (야유) 왜요! T : 제가 빨간 색을 좋아하잖아요. S1 씨, 오늘 빨간 색을 입길 잘했죠? S1 : 네.	학습자에게 자연스럽게 문형을 노출한다.	쿠키
	동기 유발 (3분)	T1 : 자, 여기 핸드 아웃을 한 장씩 받으세요. 여기 그림에 두 사람이 있어요. 어떤 상황일까요? S : 비가 오는데 한 사람은 우산이 있어서 기분		

	이 좋지만 한 사람은 우산을 안 가지고 와서 곤란한 상황이에요. T : 그렇죠? 여러분, 여기 있는 사람이 각자 지금 어떤 생각을 하고 있는지 말풍선에다가 한번 써 보세요. (잠시 후) T : 이 사람은 지금 무슨 생각을 하고 있을까요? S2 : 왜 우산 안 가지고 왔어? 바보 같아. T : 그럼, 이 사람은요! S3 : 우산을 가지고 와서 너무 좋아. T : 맞아요. 한 사람은 잘 했다고 생각하고 다른 사람은 후회를 하고 있어요. 오늘은 이런 상황에 사용하는 표현을 배울 거예요.		그림 또는 사진 (별첨 자료 참고)

의사소통식 교수법에서 도입 부분은 인사를 하면서 자연스럽게 오늘의 목표 문형을 노출한다. 학습자들은 해당 목표 문형이 과거의 행동을 잘한 일 혹은 잘못한 일에 대한 표현이라는 것을 교사와의 대화를 통해 어렴풋이 짐작하게 된다. 그 후에 보다 확실한 학습 목표 파악을 위해 그림이나 사진 속 상황에 맞는 말을 유추해 보면서 학습할 표현의 상황 맥락을 파악할 수 있도록 유도한다.

<별첨>

3.3 제시

학습 단계 (시간)		학습 활동(교사 - 학습자)	유의점	준비물
제시 (10분)	상황 유추 및 의미 기능 이해	T : 그럼, 지금부터 대화를 듣도록 하겠습니다. 잘 들으세요. * 듣기 자료를 들려 준다. T : 지금 어떤 상황이에요? S1 : 운전을 하는데 차가 막히나 봐요. S2 : 중간에 다른 길로 왔는데 차가 별로 안 막혀서 다행이라고 말했어요. T : 맞아요. 잘 들었어요. 여자는 다른 길로 오길 잘 했다고 했어요. 이 사람은 일찍 출발했어요? S3 : 아니요, 늦게 출발해서 일찍 출발하지 않은 것을 후회하고 있어요. T : 그렇죠? 남자가 어떻게 말했어요? S3 : 일찍 출발할 걸 그랬어요. T : 잘 들었어요? 그럼, 다시 한 번 들읍시다. * 칠판에 문법 내용을 판서한다. T : (판서하면서 'AVst기를 잘했다') 무슨 뜻인 것 같아요? 예를 들어 "타다, 버스 타기를 잘 했다." S1 : 버스를 탄 것은 잘 한 일이다. T : 맞아요. T : 그럼 후회할 때는 어떻게 말하는지 알아요? S3 : 버스를 탈 걸 그랬어요. T : 맞아요. (판서) AVst(으)ㄹ 걸 그랬다 잘 했어요.	문법적인 내용에 초점을 맞추기보다는 사용하는 상황을 제대로 이해했는지 파악한다.	듣기 자료 (별첨 자료 참고) 카세트 플레이어 색깔 펜

'버스를 탈 걸 그랬다'라고 말했을 때, 실제로 버스를 탔어요? 안 탔어요?

S4 : 안 탔어요. 그래서 후회해요.

T : 잘 했어요.

이렇게 과거에 한 행동을 잘했다고 생각할 때에는 '-기를 잘 했다'를 사용하고, 지금보니까 과거에 한 행동이 후회될 때에는 '-(으)ㄹ 걸 그랬다'를 사용하는 것이에요.

제시 단계에서는 동영상이나 듣기 자료를 활용하여 학습자들이 학습 목표가 쓰이는 상황이 교실 안에서 그치는 것이 아니라 일상생활에서 일어나는 상황임을 인지하도록 한다. 그러므로 듣기 자료나 동영상도 실제 상황을 재연하여 현장감이 넘치는 것이 좋다. 그리고 학습자들이 분명히 그 기능과 의미, 맥락을 파악했는지 듣기에 대한 질문을 통해 확인한다.

해당 표현을 판서할 때에는, 강조해야 하는 문법 사항들은 색깔 펜을 사용하거나 글자의 크기를 크게 하여 학습자들이 문법적 오류를 많이 만들지 않도록 장치를 해 두는 것이 좋다. 예를 들어, 동사와만 결합하는 표현인 경우에는 '동사 어간'임을 강조해서 표시하고, '잘 했다'와 '그랬다'와 같이 항상 과거형으로 쓰이는 경우에도 색깔 펜을 이용하여 그 형태를 두드러지게 표시한다. 그러나 구조주의 중심의 접근법에서 하는 것처럼 정확한 문법 사용을 강조하는 등 사용보다는 형태에만 집중하는 일이 없도록 조심해야 한다.

듣기 자료 예시

여자 : 운전하느라고 고생하셨어요.
정말 먼 길이었어요.

남자 : 조금 일찍 출발할 걸 그랬어.
이렇게 차가 막힐 줄은 미처 몰랐네.

여자 : 그래도 중간에 차를 돌리길 잘 했어요.
무작정 계속 갔으면 지금도 고속도로에 있을 걸요.

남자 : 맞아. 아까 차를 돌리지 않았으면 12시는 넘어서 들어왔을 거야.
여자 : 네, 차를 돌려서 다른 길로 오기를 잘 했어요.

3.4 연습

학습 단계 (시간)		학습 활동(교사 - 학습자)	유의점	준비물
연습 (20분)	전체활동 교사의 질문에 답하기 (10분)	T : 여러분은 한국에 오길 잘 한 것 같아요? S2 : 오길 잘 했다 생각할 때도 있고 아닐 때도 있어요. T : S2 씨는 언제 한국에 오길 잘 했다고 생각해요? S2 : 한국말 실력이 점점 좋아질 때 한국에 오길 잘 했다고 생각해요. T : 그럼, S5 씨는요? * 다수의 학습자에게 질문한다. T : 그럼, 한국에 오지 말 걸 그랬다고 생각하는 때는 언제예요? * 다수에게 질문한다.		
	상황지 보고 말하기 (10분)	T : 지금부터는 짝하고 같이 이야기를 할 거예요. 여러분은 이런 상황에서 어떤 생각을 할지 짝하고 이야기해 보세요. * S1, S2 함께 이야기한다. 서울에 왔는데 중국 사람이 정말 많아요. S1 : 한국에 오길 잘 했어요. 친구가 많아서 좋아요.		다양한 상황이 적혀 있는 핸드아웃(별첨 자료 참고)

S2 : 작은 도시로 갈 걸 그랬어요. 매일 중국 말만 써요.

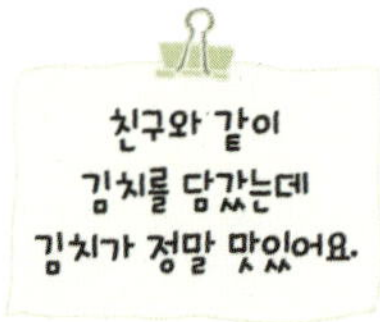

S1 : 친구와 같이 만들길 잘 했어요.
S2 : 좋은 배추를 사용하길 잘 했어요.

* 학습자가 상황지를 보고 대화하게 한다.

연습 단계는 학습자들이 해당 표현을 구문과 연결시켜서 연습하는 단계이다. 이때 교사는 질문을 통해서 학습자들이 확실하게 연습할 수 있도록 돕는다. 배운 표현을 연습하는 방법은 다양하다. 이 단계에서 게임을 해도 되지만 본 차시 수업과 같이 의미에 따라 형태를 달리하는 문법 표현 항목의 경우에는 학습자들이 오류 없이 해당 표현을 사용할 수 있도록 연습 단계에서 질문을 통해 그 의미를 파악하도록 돕는 것도 하나의 방법이다. 이 단계에서 이루어지는 자연스러운 대화를 통해서 학습자들은 해당 표현이 사용되는 맥락을 확인하고 사용되는 대화 상황을 연습할 수 있다.

유인물의 예

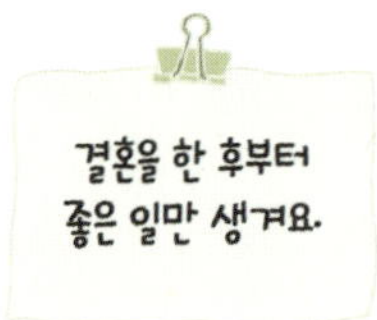

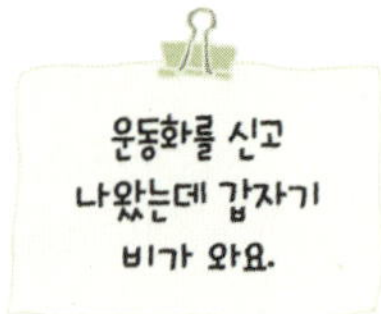

지각을 해서
택시를 탔는데
차가 막혀요.

요즘은 취직 시험을
볼 때 영어 점수가
제일 중요하대요.

3.5 활용

학습 단계 (시간)		학습 활동(교사 – 학습자)	유의점	준비물
활용 (20분)	자신의 생각을 써서 발표하기	T : 지금부터는 여러분이 옛날에 고민하고 선택한 일에 대한 만족과 후회에 대해 써 볼 거예요. 두 사람이 하나의 질문지를 받아서 함께 이야기를 하면서 질문지를 완성하세요. * 질문지를 내준다. T : 여러분이 했던 고민과 선택에 대해 써 볼까요? * 학생들은 자신이 했던 고민과 선택에 대해 쓰고 현재의 만족도에 대해 쓴다. T : 다 했어요? 그럼 4명이 한 조가 되어서 서로가 어떤 고민을 했었는지 비교해 볼까요? 자신과 비슷한 고민을 했는지 또 해결 방법은 어떻게 달랐는지 말이에요. S1 : 네! 저는 서울에 오기 전에 어느 도시를 갈까 고민했어요. S2 : 저는 혼자 살까 친구하고 같이 살까 고민했는데 그냥 혼자 살기로 했어요.	간단하게 쓰고 그것을 보면서 자연스럽게 말할 수 있도록 한다. '-(으)ㄹ 걸 그랬어요'와 함께 사용하여 배타적인 의미도 동시에 학습할 수 있도록 한다.	활동지 (별첨 자료 참고)

활용 단계에서는 학습자들이 자신에게 주어진 과제를 수행하면서 자연스럽게 자신의 생각을 드러내는 활동을 한다. 이 단계에서 교사는 학습자의 질문이나 요구에만 반응하고 잘못된 문형을 고치거나 생각의 흐름을 방해하는 행동을 하지 않도록 주의한다. 교사는 활동에 대한 단순한 촉매자나 조언자 역할을 한다. 또한 활동은 학습한 목표 문형과도 관련이 있어야 하며 학습자들의 상황과 부합할 수 있는 것이어야 흥미를 유발할 수 있다.

질문지 예

고민 : 한국에 오기 전에 어느 도시에 갈까 고민했어요.
선택 : 서울에 왔어요.

서울에 오길 잘했어요.	서울에 오지 말걸 그랬어요.
외국 사람이 많아서 외롭지 않아요. 지하철이 편리해요.	하숙비가 너무 비싸요. 재미있는 곳이 너무 많아서 공부를 많이 할 수 없어요.

3.6 마무리

학습 단계(시간)		학습 활동(교사-학습자)	유의점	준비물
정리(5분)	평가 및 다음 차시 예고	T : 잘 했습니다. 벌써 마칠 시간이 되었네요. 자, 이번 수업은 무엇에 대해 공부했어요? S : 과거의 선택에 만족할 때나 후회스러울 때 사용하는 표현을 공부했어요. T : 네, 좋아요! 이렇게 똑똑한 학생들을 만날 때마다 한국어 선생님이 되기를 잘 했다고 생각해요. 오늘 과제는 친구들과 이야기한 것을 글로 써 오는 것이에요.		

오늘 학습한 내용을 질문을 통해 학습자들에게 확인하고 수업을 마무리한다. 그리고 말하기 중심으로 수업이 이루어졌으므로 쓰기 과제를 통해 학습 목표를 달성하였는지 확인한다.

제9장 과제 중심 교수법 (Task-Based Language Teaching)

1 개요

교수 목표	실제적 과제를 수행하는 과정을 통한 의사소통 능력을 향상한다.
교수 중점	학습 목표에 맞는 바람직한 과제를 선택하여 학습자들의 능동적인 과제 참여를 유도한다.
교수 방식	과제를 중심으로 가르칠 내용을 조직하여 간접적으로 언어를 학습하게 한다.

과제 중심 교수법은 의사소통 교수법과 마찬가지로 학습자들의 의사소통 능력 향상을 목적으로 한다. 그러나 이 교수법에서는 목표 언어 자체에 초점을 두기보다는 목표언어를 사용해서 해결해야 하는 과제를 학습자들에게 부여하여 과제 해결 과정에서 자연스럽게 목표 언어를 익히게 한다. 따라서 무엇보다 중요한 것은 학습 목표에 적합한 다양한 유형의 과제를 계획하고 선별하는 일이다.

수업 시간에 교사는 학습자들을 소집단으로 나누고 달성해야 할 과제를 부여한다. 이때 교사는 과제 해결의 촉진자로서 학습자가 과제를 해결하기 위해 다른 학습자들과 자연스러운 의사소통을 하도록 도와주어야 한다. 또한 의사소통에 방해가 되지 않는다면 오류는 지적하지 않으며 학습자는 교사를 주목하거나 의지하지 않도록 한다. 수행할 과제에 포함된 어휘나 표현들은 실제 생활에서 자주 접하고 학습자들이 직접 사용하는 것을 중심으로 한다.

과제는 1차 과제와 2차 과제로 나뉘는데 1차 과제는 일반적으로 난이도가 낮은 과제이며 2차 과제는 목표로 하는 내용을 학습한 후에 제시되는 보다 심화된 과제를 말한다.

2 기본 수업 절차

단계	과정	활동 및 역할		시간
		교사	학습자	
도입	• 동기유발 • 학습 내용 제시	• 게임, 시청각 자료, 질문 등을 통한 동기 유발 • 학습할 내용 제시	• 능동적인 자세로 교사의 지시에 따름 • 학습할 내용을 추측	5분
과제①	• 1차 과제 수행	• 1차 과제 제시 및 소개 • 과제 해결 방법을 설명하지 않고 학습자가 능동적으로 과제를 해결하도록 유도	• 교사의 설명을 듣고 적극적으로 1차 과제 수행하기	10분
학습	• 어휘와 표현 정리	• 목표 학습 내용 정리 및 설명	• 과제 중 학습의 필요성을 느낀 어휘와 표현을 학습함	10분
과제②	• 2차 과제 수행	• 1차 과제와 성격이 비슷하나 보다 심화된 2차 과제 제시 및 소개	• 배운 학습 내용을 바탕으로 2차 과제 수행하기	20분
마무리	• 학습 내용 정리 • 활동 후 감상 발표	• 과제 수행 결과 확인하기 • 질문을 통한 학습 내용 복습 • 학습자들에게 과제 수행 후 느낀 점 질문하기	• 교사의 질문에 대답하면서 학습 내용 확인하기 • 과제 수행 시 느낀 점 발표하기	5분

3 수업 모델

3.1 수업 개요

학습 단원	옷차림과 문화
학습 목표	사람의 옷차림을 보고 색깔과 모양을 묘사하고, 각 나라의 문화에 맞는 옷차림을 설명할 수 있다.
기　　능	옷차림 설명하기
학습 대상	중급 학습자 10명 내외
학습 내용	옷모양과 색 관련 어휘

3.2 도입

학습 단계 (시간)		학습 활동(교사 - 학습자)	유의점	준비물
도입 (5분)	동기 유발	T : 여러분, 안녕하세요? S : 선생님, 안녕하세요? T : 오늘은 수업을 시작하기 전에 게임을 할 거예요. 먼저 ○○ 씨부터 ○○ 씨까지 한 팀, ○○ 씨부터 ○○ 씨까지 한 팀입니다. 그리고 각 팀에서는 선생님이 나눠주는 쪽지의 단어를 친구들에게 설명할 거예요. 2분 동안 가장 많은 단어를 설명한 팀이 이기는 게임이에요. 알겠어요? S : 네! T : 그럼, 각 팀에서 단어를 설명할 사람을 한 명씩 정하세요.	단어 목록은 학습자 수준에 맞는 것으로 하고, 학습 목표인 옷모양이나 색에 관련된 것을 몇 가지 넣도록 한다.	단어 목록 (별첨자료 참고)

* 설명할 학습자를 정한다.

T : (각 팀의 설명할 학습자에게) 자, 여기 단어 목록이 있어요. 모두 1번부터 20번까지예요. (시계를 보며) 준비, 시작!

* 학습자들이 게임을 한다.

T : 자, 시간이 다 됐어요. A팀은 몇 번까지 설명했어요? B팀은요?
S1 : 12번이요.
S2 : 15번이요.
T : 오늘은 B팀이 이겼네요.
○○ 씨, 어떤 단어가 설명하기 어려웠어요?
S1 : 얼룩말이요. 색 잘 몰라서…….
T : 그렇군요. 오늘 우리는 색깔에 대한 단어와 옷에 대한 단어를 공부할 거예요.

과제 중심 교수법의 도입 부분은 과제의 성격을 분명히 하고 학습자로부터 오늘 할 과제에 대한 흥미를 가지도록 유도하는 것이 좋다. 오늘 학습할 과제에 대해 학습자들이 학습의 필요를 느껴서 적극적으로 학습에 임할 수 있도록 유도해야 하는 단계이다.

위의 교안에서 제시된 게임은 오늘의 수업이 '어휘 수업'이라는 점을 감안하여 학습자들이 게임을 통해 학습한 어휘를 복습함과 동시에 어휘를 설명하고 이해하는 연습을 하게 된다. 그리고 '얼룩말', '웨딩드레스'와 같이 해당 수업의 목표 어휘와 유사한 것을 넣어서 색깔과 옷의 종류를 표현하게 하여 학습자들의 학습 동기를 유발한다.

단어 목록의 예

1. 연필
2. 마이클 잭슨
3. 냉장고
4. 얼룩말
5. 포도
6. 웨딩드레스
7. 책상
8. 공책
9. 텔레비전
10. 치마
11. 대통령
12. 떡볶이
13. 박쥐
14. 하늘
15. 목걸이
16. 커피
17. 나무
18. 녹차
19. 장미꽃
20. 한복

본 단어 목록은 팀별로 순서를 다르게 하여 나눠 주는 것이 상대팀의 설명에 집중하지 않게 하여 게임을 더욱 즐겁게 한다.

3.3 과제①

학습 단계 (시간)		학습 활동(교사 - 학습자)	유의점	준비물
과제① (10분)	묘사 하기 활동	T : 오늘 ○○ 씨는 무슨 색 옷을 입었어요? S : 빨간색이요. T : 맞아요. 빨간색 티셔츠를 입었죠? ○○ 씨는요? S : 흰색 티셔츠하고 까만색 치마를 입었어요. T : 네, 잘 했어요. 지금부터 짝과 같이 앉아 보세요. 지금부터 한 사람에게 사진을 한 장씩 나눠 줄 거예요. 한 사람은 여자만 있고, 한 사람은 남자만 있는 그림이에요. 서로 자신의 그림에 있는 사람이 어떤 사람인지 짝에게 설명해 주세요.	학생들이 과제를 수행할 때 사진 속 사람들이 입은 옷의 색깔과 옷의 종류에 대해 자세하게 묘사하도록 유도한다.	두 종류의 사진 (하나는 남자 사진, 하나는 여자 사진) 종이 색연필

S : 친구 그림을 보고 그려도 돼요?
T : 안 되죠. 친구와 서로 이야기하다 보면 그 사람이 어떤 사람인지 알 수 있게 될 거예요.
자, 여기 종이하고 색연필이 있어요. 색깔까지 정확하게 그려보세요.

* 학생들은 과제①을 시작한다.

S : 이 그림에 있는 여자는 아주 예뻐요.
빨간색 긴 치마를 입고, 머리에 파란색 모자를 썼어요.

* 학생들은 과제를 마친다.

T : 잘 했어요. 이것이 원래 그림이에요.
어때요? 여러분이 그린 그림과 비슷해요?

과제① 단계는 학습자들이 오늘 학습할 목표 어휘와 관련된 활동을 불완전하게나마 수행하는 단계이다. 본 수업 모델에서는 학습자들이 정보차(information gap) 활동을 이용하여 상대방의 그림에 있는 사람을 묘사하면서 자연스럽게 색깔 어휘와 옷의 종류와 관련된 어휘에 대한 학습 필요성과 함께 오류를 발생시킨다.

이때 교사는 학습자들이 스스로 과제를 수행할 수 있도록 조력자 역할만을 한다. 또한 사진은 실제 사진 자료를 사용하는 것이 가장 좋지만 학습자보다 높은 수준의 복잡한 색깔이나 옷에 대한 어휘를 설명해야 할 경우 교육적 자료를 만들어 사용해도 된다.

3.4 학습

학습 단계 (시간)		학습 활동(교사 - 학습자)	유의점	준비물
학습 (10분)	목표 어휘 제시 (7분)	T : 여러분은 선생님 생각보다 더 많은 단어를 알고 있네요. 여러분이 좋아하는 색깔을 한번 말해 볼까요? S1 : 저는 빨간색을 좋아해요. S2 : 저는 흰색하고 까만색이요. * 오늘 학습할 목표 단어가 나오면 판서하고, 학생들이 해당 단어를 모른다면 색을 직접 보여주면서 제시한다. S3 : 선생님, 그럼 나무의 색을 뭐라고 해요? T : 아, 이 색이요? 갈색이라고 해요. 날씨가 흐린 날의 하늘의 색은 어때요? S2 : 잘 모르겠는데요. T : 회색이라고 해요. (판서) * 목표 어휘를 모두 판서한 후에 옷과 관련된 어휘를 같은 방법으로 제시한다. T : (파워포인트나 사진 자료를 보여주며) 이것은 무엇입니까? S : 티셔츠요. T : 티셔츠하고 같이 입으면 어울리는 것은 무엇이 있을까요? S : 청바지나 반바지요. T : (사진을 보여주며) 그럼, 어떤 옷이 이 치마와 어울릴까요? S : 그 옷은 회사에 갈 때 입는 옷이니까 위에는 지금 선생님이 입은 옷이 어울려요.	교수하기로 계획했던 어휘에서 너무 확장되지 않도록 주의한다.	PPT – 다양한 색깔이 제시된 PPT 자료 – 다양한 옷의 종류가 제시된 PPT 자료

	T : 그렇죠? 이 옷은 블라우스와 잘 어울립니다. (학습할 단어를 모두 판서한 후)		
어휘 암기 연습 (3분)	T : 그럼 지금부터 사진을 보면서 색이나 옷 종류를 한 번 말해 주세요. S1 : 빨간색 치마 S2 : 파란색 재킷 S3 : 흰색 블라우스		

학습 단계는 과제①에서 발생했던 오류를 보완하고 학습할 내용을 제시하고 정리하는 단계이다. 다른 단계에 비해 교사 주도로 학습이 이루어지는 단계이나 학습자들이 학습하고자 하는 내용을 중심으로 최대한 학습자들의 요구를 반영할 수 있게 해야 한다. 본 교안에서 제시했듯이 학습자들이 이미 알고 있는 어휘를 파악한 후에 오늘 학습할 내용에 대한 부분만 판서하여 학습자들이 오늘의 학습 목표를 분명히 파악할 수 있도록 하는 것이 좋다.

3.5 과제②

학습 단계 (시간)	학습 활동(교사 – 학습자)	유의점	준비물
과제② 스타일링하기 (20분)	T : 지금까지 색깔과 옷의 종류에 대한 어휘를 공부했어요. 배운 것을 활용해서 상황에 맞는 옷 스타일을 한번 만들어 이야기해 볼까요? 네 사람이 그룹을 만들어 주세요. 그리고 각 그룹에 4개의 카드를 줄 거예요. 그러면 한 사람이 한 카드를 뽑아서 여러분의 나라에서 그때 어울리는 복장은 어떤 것인지 친구들에게 설명해 주세요.	반드시 배운 어휘를 사용해야 한다는 부담감을 주지 않도록 한다.	질문지(예시 참고)

S : 옷의 색깔을 꼭 말해야 해요?
T : 특별하게 정해진 색깔이 있으면 그래도 되지만 그런 것이 없으면 말하지 않아도 돼요. 대신 머리 모양이나 신발 같은 것도 서로 이야기해 보면 좋겠어요.

* 학생들이 과제를 어느 정도 수행하게 한다.

T : 스타일을 만든 후에는 이런 스타일의 옷을 입는 이유가 무엇인지, 다른 친구의 나라에서는 그 상황에 어떤 옷을 입는지 서로 이야기해 보세요. 또 그런 상황에서 입으면 좋지 않은 옷차림에 대해서도 이야기해 보세요.

본 과제② 단계는 학습한 어휘와 문법을 활용하여 보다 실제적이고 완성도 높은 과제를 수행하는 단계이다. 이 단계에서는 학습한 어휘와 문법을 과제에 사용하는 것을 목적으로 하지 않고 과제를 수행해 내는 것에 목적이 있기 때문에 학습자들에게 학습 목표를 사용하도록 강요하지 않는다.

질문지 예시

높은 산으로 등산하러 갈 때
친구의 결혼식장에 갈 때
회사에 면접 시험을 보러 갈 때
결혼할 사람의 부모님을 처음 만나는 자리
남자/여자 친구와 주말에 데이트를 할 때

3.6 마무리

<table>
<tr><th colspan="2">학습 단계
(시간)</th><th>학습 활동(교사-학습자)</th><th>유의점</th><th>준비</th></tr>
<tr><td>마무리</td><td>수업
마무리</td><td>T : 우리는 오늘 색깔과 옷의 종류에 대한 단어를 공부했어요. 선생님은 오늘 무슨 옷을 입었어요?
S : 까만색 치마에다가 흰색 블라우스를 입었어요.
T : 그렇죠? 그럼 제가 신은 신발은요?
S : 까만색 구두예요.
T : 잘 했어요. 오늘 우리가 2개의 과제를 함께 해 봤는데요. 과제를 통해서 어떤 점이 힘들었는지 아니면 재미있었는지 이야기해 볼까요?
S3 : 잘 몰랐던 색깔에 대해 공부해서 재미있었지만 단어를 외우기가 쉽지 않아요.
S1 : 이제 다른 사람들의 모습을 설명할 수 있을 것 같아요.</td><td>질문을 통해 오늘 배운 것을 정리한다.</td><td></td></tr>
</table>

마무리하기 단계에서 교사는 질문을 통해 학습자들에게 오늘 배운 내용을 정리해 볼 기회를 제공한 다음에는 학습자들이 과제를 수행하면서 느꼈던 점에 대해 서로 이야기해 보게 한다. 이러한 방법을 통해 학습자들은 오늘 수행한 과제나 학습한 내용이 실제 생활에 유용하게 사용되는 활동임을 확인하게 된다.

제10장 내용 중심 교수법 (Content-Based Instruction)

1 개요

교수 목표	언어와 내용을 동시에 학습하는 것을 목표로 한다.
교수 중점	학습자들의 생활에 중요한 내용 지식을 학습시키는 데 중점을 두고 있다. 따라서 학문적이거나 전문적인 특수 목적 학습자에게 적합한 교수법으로 주목 받고 있다.
교수 방식	읽기를 통한 내용 학습을 한 후 이를 바탕으로 말하기, 쓰기 활동을 하는 방식으로 이루어진다.

내용 중심 교수법은 학습하게 될 언어와 내용을 통합하여 가르치는 것을 말한다. 언어 학습과 내용 학습을 통합한다는 것은 구체적으로 언어를 어휘, 문법, 발음으로 나누어서 학습하는 것이 아니라 내용과 연관 지어 총체적으로 학습하는 것에 기반을 두고 있다. 즉, 이 교수법은 언어를 나누어서 학습하는 것보다 전체 텍스트의 의미를 이해하려고 학습하는 것이 더 효과적이라고 주장하여 텍스트를 구성하는 언어를 학습하기 전에 전체 텍스트의 의미를 이해하고 어휘, 문법 등의 이해를 하는 방식으로 접근한다.

2 기본 수업 절차

단계	활동		시간
	교사	학습자	
도입	• 주제에 대해 생각할 수 있는 시각적 자료를 준비해 주제에 몰입할 수 있도록 도움	• 주제에 대한 브레인스토밍 실시	3분
제시	• 주제 관련 자료를 학습자에게 제공 • 주제 관련 자료에 대한 학습자들의 의견을 이야기할 수 있도록 함	• 주제에 관련된 자료를 읽거나 들으면서 다루려는 내용에 대한 지식을 넓힘	10분
어휘 연습	• 주제 관련 어휘, 읽기의 핵심 어휘 제공 • 어휘를 숙지하도록 함	• 읽기 활동을 하기 전에 필수적으로 알아야 하는 어휘를 익혀 읽기 활동을 도우며 주제에 대한 표현 활동을 함	10분
읽기	• 주제 관련 읽기를 제공해 이에 대해 학습자 스스로 이야기할 수 있도록 도움 • 전략을 알려 주고 이를 익힐 수 있는 방법을 제시	• 주제에 대한 읽기 자료를 읽고 이에 대한 내용 이해 및 자신의 생각을 전략을 활용해 말하기로 연습함	20분
토의	• 주제에 관련된 말하기 활동을 할 확장 주제를 제시	• 주제를 확장한 말하기 활동이다. 주제에 관련하여 자신의 나라의 경우, 다른 환경의 경우 등과 비교하거나 자신의 의견을 주장하는 등의 토의 활동을 수행함	10분
쓰기 활동	• 쓰기 활동에 필요한 다양한 전략을 학습함	• 토의 활동에서 언급된 내용을 정리하여 이를 쓰기 활동으로 함	5분
마무리	• 수업에서 배운 내용의 주제를 확인함 • 다음 시간에 배울 내용을 알림		2분

3 수업 모델

3.1 수업 개요

학습 단원	저출산 현상[1]
학습 목표	저출산에 관한 지식을 익혀 그에 관한 글을 읽고 이해할 수 있다. 저출산, 고령화와 관련된 어휘 및 표현을 이해하여 사용할 수 있다.
기 능	저출산의 원인과 대책에 대해 말하기 중심내용을 체계적으로 정리하면서 읽기
학습 대상	고급 학문 목적 학습자(10~15명)
학습 내용	저출산 관련 어휘 익히기, 저출산의 원인과 대책에 대한 읽기, 중심내용 찾기

3.2 도입

학습 단계	시간	학습 활동(교사 - 학습자)	유의점	준비물
도입	3분	T : 안녕하세요? S : 안녕하세요? T : 오늘은 출산율에 대한 이야기를 하려고 해요. 여러분 나라의 출산율은 어때요? 아이를 적게 낳는 편인가요? 아니면 많이 낳는 편인가요? S : 요즘 아이를 적게 낳아요. 1~2명 정도요. T : 그래요? 갑자기 출산율이 줄어들었어요? S : 10년 전 정도부터 아이를 적게 낳기 시작했어요. T : 그럼 왜 적게 낳을까요? S : 키우기 힘들어서요. 그리고 여자들이 직장생활을 하니까요.	교사는 주제 관련 질문을 통해 학습자의 동기를 유발한다.	

1) 본 모델에서 제시한 자료는 「유학생을 위한 대학한국어2 읽기 · 쓰기」를 참조하였음.

3.3 제시

학습 단계	시간	학습 활동(교사 - 학습자)	유의점	준비물
제시	10분	T : 그러면 다른 나라의 출산율은 어떤지 한번 그래프를 볼까요? * 국가별 출산율, 한국의 출산율과 신생아 추이에 관한 그래프 제시 - 그림 1 T : 여기 이 그래프를 보세요. 각국의 출산율에 대한 그래프인데요. 출산율이라는 게 뭘까요? S : 음, 출산하는 비율……. T : 출산율은 여성 1명이 가임기간인 15세에서 49세 사이에 낳는 평균 자녀수를 말해요. 각 나라의 출산율은 어떻게 돼요? S : 미국은 2.05명, 프랑스는 1.90명, 일본은 1.25명, 한국은 1.08명이에요. 한국이 아주 낮아요. T : 그러면 한국의 출산율과 신생아 수에 대한 그래프를 볼까요? * 한국의 출산율과 신생아수 추이에 대한 그래프 제시 - 그림 2 T : 어때요? S : 1980년에서 1985년 사이에 급격히 줄었고, 2000년에서 2005년 사이에 다시 급격히 줄었어요. T : 맞아요. 한국도 저출산 현상이 일어나고 있어요. 이런 추이로 계속된다고 가정할 때 산술적으로 계산하면 22세기 말에는 한국의 인구가 한 명도 남지 않는다고 합니다.	학습 내용에 따라 그래프 등과 같은 시각적 자료를 사용하면 더 효과적이다.	

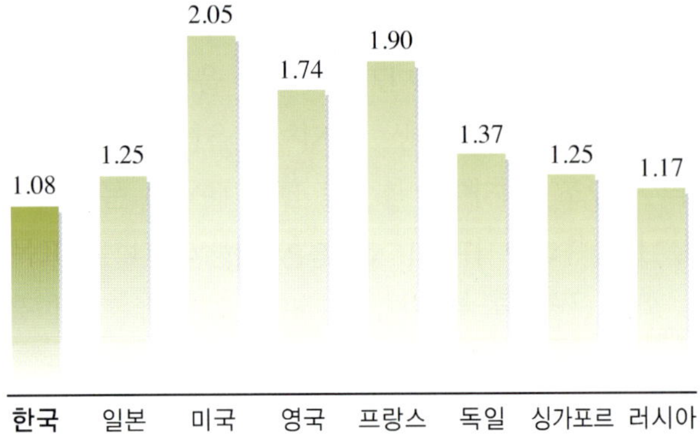

▶ 그림 1 국가별 출산율

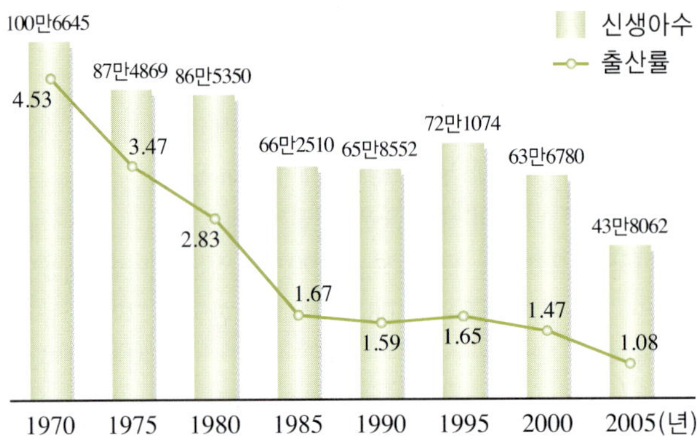

▶ 그림 2 우리나라 출산율과 신생아 수

3.4 어휘 연습

학습 단계	시간	학습 활동(교사 - 학습자)	유의점	준비물
어휘 연습	10분	T : 저출산 현상에 관련된 어휘나 표현 중에서 어떤 것을 알고 있어요? S : 출산율, 출산 휴가, 교육비……. T : 네. 그럼 그와 관련된 표현을 알아볼까요?		

탁아 시설, 고령화 사회, 방과후 교실, 사교육비, 생산 가능 인구, 출산 휴가, 양육비

T : 단어가 사용되는 예를 다음 연습 문제를 풀면서 확인해 볼까요?
S : 네. (연습 문제를 푼다.)

다음 표에서 알맞은 것을 골라 대화를 완성하세요.

탁아 시설, 저출산, 고령화 사회, 출산 휴가, 생산 가능 인구, 사교육비, 양육비, 방과후 교실

(1) A : '____________ 현상'이라는 것은 무엇을 말합니까?
B : 아이를 적게 낳는다는 사회 현상을 의미합니다.

(2) A : 한국도 ____________ 사회가 되어 간다고 하는데 그게 무슨 말인가요?
B : 노인 인구 비율이 젊은 사람들보다 더 높아진다는 뜻입니다.

(3) A : ____________을/를 받았다면서요? 그런데 그게 뭐예요?
B : 직장에 다니는 여자들이 아기를 낳을 때쯤 받는 휴가를 말해요.

(4) A : ____________은/는 어떤 곳이에요?
B : 유치원, 어린이집과 같이 보호자대신 아이를 맡아 돌보는 곳이에요.

(5) A : 요즘 ____________이/가 많이 든다고 하는데 그게 뭘 말하는 거예요?

B : 그거요, 그건 학교에 내는 학비 말고 참고서비나 학원비처럼 추가로 드는 돈을 말해요.

(6) A : ________________이/가 뭐예요?

B : 15살에서 64살까지의 사람들 중에 일하는 게 가능한 사람들을 말하는 거예요.

(7) A : 초등학교에서 ____________ 을/를 운영한다고 하는데 그게 어떤 건가요?

B : 학교의 정규 수업이 끝난 후에 학교에서 원하는 학생을 대상으로 학과 공부나 음악, 미술 같은 과외 활동을 지도해 주는 수업을 말하는 거예요.

T : 답을 맞추어 볼까요?

* 문제를 풀면서 답을 알려 주고 질문을 받는다.

3.5 읽기

학습 단계	시간	학습 활동(교사 - 학습자)	유의점	준비물
읽기	20분	* 저출산 현상에 대한 읽기 자료를 제시한다.[2)] 읽기 텍스트를 읽은 후, 내용과 텍스트의 구조를 파악한다. T : 단락별로 요약해 볼까요? 먼저 첫 번째 단락은 어떤 내용인가요?	전략을 익힌 후 전략 연습을 하면서 읽기를 한다.	

2) 별첨 참조.

S : 출산율이 낮아지면서 한국이 고령화 사회로 가고 있다는 내용입니다. 그래서 저출산 현상의 원인과 대책을 알아보겠다는 글의 내용에 대한 개략적인 내용입니다.

T : 네. 그럼 중심내용을 체계적으로 정리하면서 읽는 연습을 해 볼까요? 먼저 그 방법을 알아봅시다. 다음을 볼까요?

★ 중심 내용을 체계적으로 정리하면서 읽기
글을 읽을 때 중심내용을 체계적으로 순서를 매겨 공책에 정리하면서 읽으면 내용 파악하는 데 도움이 된다.

……

T : 그럼 '저출산 현상의 원인은 무엇인가'에 있는 첫 번째 원인을 읽으면서 중심내용을 정리해 봅시다.

(학습자들은 읽으면서 공책에 정리해 본다.)

T : 다 한 사람 중 누가 앞에 나와 칠판에 적어 보세요.

S : 제가 하겠습니다.

저출산 현상 원인
1. 여성의 사회진출 증가
   ① 결혼시기가 늦어짐
   ② 출산, 육아의 부담감

T : 네. 아주 잘했습니다. 그럼 두 번째, 세 번째 원인도 읽으면서 중심내용을 정리해 보세요.

(교사와 내용을 확인한 후)

T : 내용을 정확히 이해했는지 다음 문제로 확인해 봅시다.

1. 이 글에 대한 내용으로 알맞지 않은 것은 무엇입니까?
   (1) 저출산 현상이 발생한 원인
   (2) 저출산 현상이 정치에 미치는 영향
   (3) 저출산 현상을 해결하기 위한 방안
   (4) 저출산 현상과 경제와의 연관 관계

2. 이 글의 내용과 일치하는 것은 무엇입니까?
   (1) 한국 사회는 이미 오래 전에 고령화 사회가 되었다.
   (2) 국가의 인구가 적어지면 생산은 감소하지만 소비는 증가한다.
   (3) 저출산 현상은 출산을 장려하는 정책을 통해 극복될 수 있다. *
   (4) 아이를 적게 낳는 것은 전적으로 여성들의 이기적인 생각 때문이다.

3. 여성들이 출산을 기피하는 원인이 아닌 것은 무엇입니까?
   (1) 아이를 대학교까지 교육 시킬 때 경제적으로 어려운 문제가 있어서
   (2) 맞벌이 부부의 경우 아이를 안심하고 맡길 데가 없어서
   (3) 아이를 키우는 것을 혼자 책임져야 하는 것에 부담을 느껴서

4. 출산율을 높이기 위해 제안한 방법에는 무엇이 있습니까? 쓰십시오.
   (1) ______________________________
   (2) ______________________________
   (3) ______________________________

3.6 토의

학습 단계	시간	학습 활동(교사-학습자)	유의점	준비물
토의	10분	T : 네, 여러분의 나라는 인구의 변화 양상이 어떻습니까? 그 변화의 원인은 무엇이고, 이로 인해 발생하는 사회 문제로는 무엇이 있는지 이야기해 볼까요? S : 일본도 인구가 날로 줄고 있습니다. 한국과 마찬가지로 고령화 사회로 진입하고 있습니다. 이로 인해 경제 성장이 둔화되고 있다고 생각됩니다.		

3.7 쓰기

학습 단계	시간	학습 활동(교사-학습자)	유의점	준비물
쓰기	5분	T : 여러분이 지금 말한 각 나라의 현상을 설명하는 보고서를 써서 제출하세요. 원인과 대책이 잘 드러나도록 써 보세요.	혼자하기 힘들면 동일한 국가에서 온 학생들 2~3명이 한 조가 되어 해도 좋다.	

3.8 마무리

학습 단계	시간	학습 활동(교사-학습자)	유의점	준비물
마무리	2분	T : 여러분 오늘은 저출산의 원인을 살펴보고 그 대책에 대해서 공부했어요. 어땠어요? 어려웠어요?		

	S : 처음에는 어렵다고 생각했는데 공부하고 나니까 이제 알겠어요. T : 네. 그랬군요. 오늘 공부한 내용을 집에서 복습하고 모르는 게 있으면 다음 시간에 질문하세요. 그리고 쓰기 숙제는 다음 시간까지 해 오세요. 다음에는 현대 사회에서 나타나는 다양한 가족 형태에 대해 공부할 겁니다. 이만 수업을 마치겠습니다.	

<별첨>

저출산 현상

한국은 지금 점차 낮아지는 출산율로 골머리를 앓고 있다. 한국은 신생아 출생수가 1970년에 101만 명에서, 2005년에는 44만 명으로 크게 줄었다. 여성 1명이 평균적으로 낳는 신생아의 수도 4.53명에서 1.08명으로 떨어졌다. 이는 미국, 영국, 프랑스, 일본과 같은 선진국보다 낮은 것으로, 이 추세로 계속된다면 2024년부터 한국의 인구는 점차 줄어들기 시작할 것이라고 한다. 이와 같은 저출산 현상으로 인해 한국 사회는 빠른 속도로 고령화 사회로 진입하고 있다. 따라서 이제 저출산 현상의 원인을 살펴보고 적절한 대비책을 세워야 할 때이다.

저출산 현상의 원인은 무엇인가

출산율이 떨어지는 원인으로 첫째 여성들의 사회 진출 증가를 들 수 있다. 집안에서 육아와 살림에 전념하던 여성들이 자신의 일을 갖기 시작하면서 결혼을 늦추거나 기피하는 경향이 두드러지고 있기 때문이다. 이러한 경향은 외형적으로는 한국 사회가 남녀 차별이 줄었다고 하나 여전히 출산과 육아를 여성이 전담해야 한다는 인식을 지닌 남성 지배 사회라는 점과 무관하지 않다.

둘째 양육비로 인한 경제적 부담 때문이다. 특히 아이를 교육시키는 데 사교육비가 지나치게 많이 들어 젊은 부부들은 출산을 꺼린다. 한 조사 결과에 의하면 아이 1명을 대학교까지 교육시키는 데 최소한 2억이 든다고 한다. 유치원, 초등학교에 다니기 시작하는 시기부터 사교육을 받게 되고 학년이 높아질수록 사교육비 부담은 증가하게 된다. 아이가 2명일 때는 어깨가 더 무거워진다. 이러한 현실 때문에 젊은 부부들은 출산을 꺼리게 되고 더 낳겠다는 결심을 쉽게 하지 못하는 것이다.

셋째 양육 시설 부족을 들 수 있다. 직장 여성들을

★ 중심 내용을 체계적으로 정리하면서 읽기

글을 읽을 때 중심 내용을 체계적으로 순서를 매겨 공책에 정리하면서 읽으면 내용 파악하는 데 도움이 된다.

(예)

저출산 현상 원인
1. 여성의 사회진출 증가
   ① 결혼시기가 늦어짐
   ② 출산, 육아의 부담감

위한 직장 내 탁아시설이나 집 근처에 아이를 맡길 수 있는 시설이 턱없이 부족하다. 그래서 보통 아이를 부모님이 가까운 곳에 사시면 부모님에게 부탁하거나 탁아모에게 맡긴다. 그런데 탁아모는 믿을 만한 사람을 구하기도 어려울뿐더러 설사 구했다고 하더라도 경제적 부담이 크기 때문에 아이를 장기적으로 맡기기는 힘들다.

넷째 개인주의적 가치관의 확산을 들 수 있다. 예전과는 달리 요즘에는 아이 때문에 자신의 삶을 포기하고 살기보다는 아이를 낳지 않고 내 자신을 위해 살고 싶다는 생각을 하는 젊은이들이 남녀를 불문하고 증가하고 있다. 이전에는 아이를 키우기 위해 직장생활을 포기하고 양육에 전념하는 경우가 많았으나 요즘은 양육보다는 직장생활, 사회생활, 개인 생활을 우선적으로 생각하다 보니까 출산을 기피하게 되는 것이다.

저출산 현상이 경제에 어떤 영향을 미칠까

저출산 현상이 경제에 미치는 영향 중 가장 큰 문제는 경제 성장의 둔화이다. 출산율 저하에 따른 인구 감소는 곧 고령화로 이어지고, 이는 곧바로 15세에서 64세까지의 생산 가능 인구의 감소로 나타나 국가 경제의 활력을 떨어뜨린다. 일할 사람이 줄어들고 노령화됨에 따라 일의 효율이 떨어져 경제가 발전되지 못하고 침체된다. 한국은 2005년에 생산 가능 인구 8명이 노인 1명을 부양하였으나 2050년에는 1.4명이 노인 1명을 부양하게 되는데 이는 경제를 더욱 어렵게 만드는 원인이 될 것이라고 한다.

생산 가능 인구는 경제 활동의 생산자이자 소비자이기도 하다. 출산율 저하로 인한 생산 가능 인구 감소는 소비를 점차 줄어들게 하고 소비를 통한 기업의 발전에도 영향을 준다. 즉 생산 주체인 동시에 소비 주체인 생산 가능 인구가 감소하면서 생산이 줄고 소비도 감소되므로 경제 발전에 악영향을 준다.

저출산 현상의 대책은 무엇인가

출산율을 높이기 위해서는 우선 출산과 육아를 여성만의 몫이 아닌 가족, 사회, 국가 전체가 책임져야 할 일로 받아들여야 한다. 가족 내에서는 남성과 여성이 육아를 공동으로 책임지는 가족 문화를 만들어야 한다. 그러기 위해서는 남성, 여성의 인식도 변화되어야겠지만, 기업도 육아 휴직, 출산휴가를 장려하는 분위기를 만들어야 한다. 또한 국가도 여성을 충분히 배려한 출산 장려 정책을 편다면 출산율을 안정된 상태로 이끌 수 있다. 일례로 독일이나 네덜란드는 막대한 예산을 출산, 육아 정책에 지원하여 탁아시설을 확대하였으며, 근로시간을 유연하게 운영해 출산율을 높이는 데 성공하였다. 한국도 이를 본보기로 삼아 직장이나 지역 내 부족한 탁아시설을 확충해야 할 것이다.

또한 양육비 경감을 위해 학교 교육 외에 방과후 교실을 활성화시켜야 한다. 방과후 교실 운영은 교육비를 줄이는 효과와 함께 맞벌이 가정에는 탁아 효과도 거둘 수 있어 일거양득이라 하겠다. 또한 양육비나 교육비의 일부를 지원해 주어 자녀가 있는 가정에 경제적 부담을 줄여줄 필요가 있다.

마지막으로 저출산 현상으로 인한 인구 감소 문제는 개인의 문제라기보다 국가, 사회적 문제임을 인식해야 한다. 이를 위해 언론매체를 활용한 국민적 홍보를 통해 가족과 자녀에 대한 가치를 새롭게 생각해 보는 계기를 마련해야 할 것이다.

출처 : 이화여자대학교 언어교육원(2008), 「유학생을 위한 대학한국어2 읽기·쓰기」, p.12~13, 서울: 이화여대 출판부

참고문헌

• 국내문헌

강사희(1999), 「외국어로서의 한국어 교수법: 성인 학습자를 위한 새 방향」, 『말』 23(17-28), 연세대학교 한국어학당.

권오량 · 김영숙(2008) 역, 『원리에 의한 교수』, (주)피어슨에듀케이션코리아.(H. Douglas Brown, 「Teaching by Principles - An Interactive Approach to Language Pedagogy」)

김미소(2004), 「주제중심모형을 적용한 영어교육」, 전주대학교 석사학위 논문.

김선미(1998), 「침묵식 교수법을 응용한 초등학교 영어 음성 언어 지도 연구」, 한국교원대학교 석사학위 논문.

김선미(1999), 「초등학교 영어교과에서의 침묵식 교수법 적용 방법」, 『초등교과교육연구』 1, 한국교원대학교 초등교육연구소.

김수현(2008), 「의사소통 중심 수업 방안 연구 : 영어로 하는 영어수업을 중심으로」, 계명대학교 석사학위 논문.

김숙희 · 이현정(2006), 「의사소통 능력 향상을 위한 내용 중심 통합 교육의 효과성 연구」, 『교육연구』 v.2 n.1., 대구대학교 사범대학 부설 교육연구소.

김영자(2008), 「내용중심 통합영어 수업 모형 과정 설계 : 초등 4학년 영어과학을 중심으로」, 제주대학교 박사학위 논문.

김영조(1992), 「Suggestopedia의 학습 이론」, 『외국어교육연구논집』 8, 한국외국어대학교 부설 외국어교육연구소.

김영철(1995), 「의사소통 교수법을 통한 듣기, 말하기 향상에 관한 연구」, 전북대학교 석사학위 논문.

김용화(2002), 「Task-based speaking activities in middle school English textbooks」, 동국대학교 박사학위 논문.

김은미(2006), 「암시 교수법을 적용한 고등학교 영어 수업의 효과」, 한국교원대학교 석사학위 논문.

김정렬(2001), 『영어과 교수－학습 방법론』, 한국문화사.

김해겸 외(1997), 「원활한 의사소통을 위한 영어교육 : 교수요목과 교수방법을 중심으로」, 『인문논총』 제7집, 아주대학교 인문과학연구소.

남성우 외(2006), 『언어교수이론과 한국어교육』, 한국문화사.

노대규(2007), 『외국어로서의 한국어 교육』, 푸른사상.

문혜리(1999), 「의사소통능력에 중점을 준 영어 교수법」, 동의공업대학 논문집.

박경자 외(2005), 『언어교수학』, 박영사.
박경자 외(2006), 『언어교수학』, 박영사.
박민선(1994), 「외국어 교육의 인본주의적 접근: 우리나라 영어 교육에서의 적용」, 부산여자대학교 논문집.
박약우(1990), 「조기 영어 교육의 바람직한 교수방법」, 『한국교육』 17(1), 한국교육개발원.
박정삼(1998), 「의사소통 향상을 위한 영어 교수법 연구」, 경북전문대학 논문집 17.
선형성(1990), 「외국어교육에서 문법 · 번역식 교수법」, 광주보건대학 논문집 117-141.
신용진(1991), 『영어 교수 공학』, 한신문화사.
신은주(1996), 「초등학교 영어교육에 있어서의 문학중심교수법과 청각구두식교수법의 비교연구」, 이화여자대학교 석사학위 논문.
심영택 외 역(2006), 『언어교수의 기본개념』, 도서출판 하우.(H. Stern, Fundamental Concepts of Language Teaching
윤기옥(1974), 「외국어 교수법의 이론적 고찰」, 『한국교육』 1-2, 한국교육개발원.
윤석화 · 이익재(1999), 「중학 영어교육 의사소통능력 신장을 위한 연구」
이경옥(2000), 「침묵식 원리 적용을 통한 듣기 능력 신장에 관한 연구」, 수원대학교 교육대학원 석사학위 논문.
이덕봉(1997), 「학습자 주도형 외국어 교수법 시론」, 『Foreign Languages Education』 3(2), 한국외국어교육학회.
이승렬(2004), 「외국어교수법과 홀리스틱교육 관점 사이의 관계성 고찰」, 한국홀리스틱교육학회 학술발표대회논문집 2004년도 11월 학술발표대회논문집.
이정희 · 김지영(2003) 「내용 중심 한국어교육과정 수립을 위한 기초 연구 : 최고급 단계를 중심으로」, 『한국어교육』 v.14 n.1., 국제한국어교육학회.
이흥수 외(2001), 『외국어 학습 교수의 원리』, Pearson Education Korea.
임병빈(2000), 『언어교수 방법론: 기억과 의미의 영어 교수 학습론 관점에서』, 형설출판사.
장신재(2004), 『영어를 어떻게 배우고 가르칠 것인가?』, 신아사.
전홍식(2006), 「한국어 교육 현장에서 적용되고 있는 교수 방법론에 관한 실제 조사 연구: 서울 시내 4개 대학의 말하기 교육 중심으로」, 『인문사회과학연구』 6, 부경대학교 인문사회과학연구소.
정동빈 · 김길수(2004), 『최신 언어교수법』, 경문사.
조항덕(1999), 「새로운 외국어 교수법과 교재의 개발을 위한 연구」, 『Foreign Languages Education』 6, 한국외국어교육학회.
진제희(2005), 「한국어 수업을 위한 내용 중심 교수 방안 — 고급 수준 재미 교포 학습자를 대상으로 —」, 『한국어교육』 16-3, 국제한국어교육학회.
최진황(1986), 『영어 교수법 이론과 적용』, 민족문화문고 간행회.
한재영 외(2005), 『한국어 교수법』, 태학사.

황은진(2008), 「내용 중심 교수(CBI)가 초등학생 문자 언어 능력 및 태도에 미치는 영향」, 서강대학교 석사학위 논문.

• 국외문헌

Asher, J.(1969), "*The Learning Stategy of the Total Physical Response: A Review*". The Modern Language Journal 53.

________(1977), *Learning Another Language Through Action: The Complete teacher's guide book*. Los Gatos California: Sky Oaks Productions.

Breen, N.(1984), *Process Syllabuses for the Language Classroom*. Oxford: Pergamon.

Brinton, D. M., M. A. Snow & M. B. Wesche(1989/2003), *Content-based second language instruction*. New York: Newbury House.

Brinton. Donna(2003), *Content-based second language instruction*. University of Michigan Press.

Brooks, N.(1964), *Language and Language Learning: Theory and Practice* (2nd ed.). New York: Harcourt Brace and World.

Brown, H. D.(2001), *Principles of Language and Teaching* (4th ed.). Longman.

___________.(2001), *Principles of Language Learning and Teaching*. Longman.

Brown, H. D.(2001), *Teaching by Principles : An Interactive Approach to Language Pedagogy*. Addison Wesley Longman, Inc.

Canale, N. & Swain, M.(1980), *Theoretical bases of communicative approaches to second language teaching and testing*. Applied Linguistics, 1 : 1-47.

Candlin, C.(1984), *Syllabus Design as a Critical Process*. Oxford: Pergamon.

Celce-Murcia, M.(2001), *Teaching English as a Second or Foreign Language(3rd Ed.)*. Heinle & Heinle Thomson learning.

Celce-Murcia, M., & McIntosh, L.(1979), *Teaching English as a Second or Foreign Language*. Rowley. MA: Newbury House.

Celce-Murcia, M., Brinton, D. M., & Goodwin, J. M.(1996), *Teaching Pronunciation: A Reference for Teachers of English to Speakers of Other Languages*. New York: Cambridge University Press.

Chomsky, N.(1957), *Syntactic Structures*. The Hague: Mouton.

Cummins, J.(1979), *Cognitive/academic language proficiency, linguistic interdependence, the optimum age question and some other matters*. Working Papers on Bilingualism, No. 19,

121-129.

Cummins, J.(1981), *Age on arrival and immigrant second language learning in Canada.* A reassessment. Applied Linguistics, 2, 132-149.

Cummins, J.(1984), *Bilingualism and special education: Issues in assessment and pedagogy.* Clevedon, England: Multilingual Matters. http://www.iteachilearn.com/cummins/bicscalp.html.

Curren, C. A.(1972), *Counseling-Learning in Second Language: A Whole Person Model for Education.* New York: Grune & Stratton.

Curren, C. A.(1976), *Counseling-Learning in Second Language.* Apple River, IL: Apple River Press.

Eriksen, T. H.(1994), *Do cultural islands exist? Social Anthropology, 1.*

Finocchiaro, M. & Brumfit, C.(1983), *The functional-notional approach: From theory to practice.* New York: Oxford University Press.

Fries, C. C.(1945), *Teaching and Learning English as a Foreign Language.* Ann Arbor: The University of Michigan Press.

Gattegno, C.(1963), *Teaching Foreign Languages in Schools: the Silent Way.* N.Y.: Educational Solutions.

__________.(1976), *The Common Sense of Teaching Foreign Language.* N.Y.: Educational Solutions.

Hammerly, H.(1982), *Synthesis in Second Language Teaching: An Introduction to Linguistics.* Blaine, Wash: Second Language Publications.

Hymes, D.(1972), *On communicative competence.* in Pride & Holmes(eds.), Sociolinguistics, Penguin Books.

Janney, C., Jr.(1958), *Smith and Thomson's first year Latin.* Boston: Allyn and Bacon.

Jarvinen. H. M(2005), *Language learning in Content-based instruction.* STUDIES ON LANGUAGE ACQUISITION, v.25.

Jourdenais, R.M. & Shaw, P.A.(2005), *Dimensions of content-based instruction in second language education.* In R.M Jourdenais and S.E. Springer (Eds.), Content, tasks and projects in the language classroom: 2004 conference proceedings (pp. 1-12). Monterey, CA: Monterey Institute of International Studies. http://www.ed2go.com/elt_demo/3cb_demo/index.htm

Kasper, L. F.(2000), *Content-based college instruction.* Mahwah, NJ: Lawrence Erlbaum.

Krashen, S.(1982), *Principles and practice in second language acquisition.* Oxford: Pergamon.

Krashen, S.(1984), *Immersion: Why it works and what it has taught us.* Language and Society 12: 61-64

Krashen, S.(1985), *Input hypothesis: Issues and implications*. New York: Longman.

La Forge, P. G. (1971), *Community language learning: a pilot study*. Language Learning, 21(1), 45-61.

Larsen-Freeman, D(2000), *Techniques and Principles in Language Teaching(2nd Ed.)*. Oxford University Press.

Lawrence J. Zwier(1999), *English for Everyday Activities - A Picture Process Dictionary*. Compass.

Littlewood, W.(1981), *Communicative Language Teaching*. Cambridge: Cambridge University Press.

Lozanov, G.(1979), *Suggestology and Outlines of Suggestopedy*. New York: Gordon and Breach Science Publishers.

Met, M.(1999), *Content-Based Instruction: Defining Terms, Making Decisions*. NFLC Report, January. Washington, DC: National Foreign Language Center. http://www.carla.umn.edu/cobaltt/modules/principles/decisions.html

Morrow, K.(1979), *Communicative language testing: revolution or evolution*. In C. Brumfit & K. Johnson (Eds.), *The communicative approach to language teaching*, London: Longman.

Moskowitz, G.(1978), *Caring and sharing in the Foreign Language Class*. Rowley, Mass.: Newbury House.

Mowrer, O. H.(1960), *Learning Theory and Behavior*. New York: John Wiley & Sons.

Nagy, W., Herman, P. and Anderson, R.(1985) Learning words from context, Research Quarterly, v.20.

Nolasco, R. and Arthur, L.(1987), *conversation, Hongkong*. Oxford University Press.

Nunan, D.(1989), *Designing Tasks for the Communicative Classroom*. Cambridge: Cambridge University Press.

Paulston, C. B. & Bruder, M. N.(1976), *Teaching English as a second language*. Cambridge, Mass: Winthrop Publishers.

Prabhu, N. (1987), *Second Language Pedagogy*. Oxford University Press.

Prator, C. H., & Celce-Murcia, M.(1979), *An outline of language teaching approaches*. In M. Celce-Murcia & L. McIntosh (Eds.), *Teaching English as a Second or Foreign Language*. Rowley. MA: Newbury House.

Richard, J. C., & Rodgers, T.(1988), *Approaches and Methods in Language Teaching: A Description and Analysis*. Cambridge: Cambridge University Press.

Richard, J. C., & Rodgers, T.(2001), *Approaches and Methods in Language Teaching* (2nd ed.). Cambridge: Cambridge University Press.

Richards, J. C. & C. Rodgers(2001), *Approaches and Methods in Language Teaching*. New

York: Cambridge University Press.

Richards, J. C. & Rogers, T. S.(1986), *Approaches and Methods in Language Teaching: A description and analysis (2nd edition).* Cambridge: Cambridge University Press.

Rivers, W.(1981), *Teaching Foreign-language Skills* (2nd ed.). Chicago: University of Chicago Press.

Rivers, W.(1972), *Speaking in many tongues.* Rowley: Newbury House.

Rogers, C.(1951), *Client-Centered Therapy.* Boston: Houghton Mifflin.

Rogers, C.(1983), *Freedom to Learn for the eighties.* Columbus, OH: Charles E. Merrill.

Rogers, C.(1973), *The interpersonal relationship in the facilitation of learning.* In D. Read & S. Simon (eds.), Humanistic Education Sourcebook, Englewood Cliffs, NJ: Prentice-Hall.

Romijin & Seely(1989), *Live Action English.* San Francisco: The Alemany Press.

Scovel, T.(1979), *Review of Suggestology and Outlines of Suggestopedy.* by Georgi Lozanov. *TESOL Quarterly, 13*, 255-266.

Skinner, B. F.(1983), *Verbal Behavior.* New York: Appleton-Century-Crofts. Mass.: Harvard University Press.

Snow, M.A.(2001), *Content-based and immersion models for second and foreign language teaching.* in M.Celce-murcia(Ed.). *Teaching Engish as a second or foreign languages(3rd edition).* Boston: Heinle & Heinle.

Song. B(2006), *Content-based ESL instruction : Long-term effect and outcomes*, ENGLISH FOR SPECIFIC PURPOSE-ELMSFORD AND OXFORD-,v.25 n.4.

Stevick, E. W.(1996), *Memory, Meaning & Method* (2nd ed.). Thomson.

Stevick, E. W.(1980), *A Way and Ways, Rowley.* Mass: Newbury House Publishers.

Stryker, S. B., & Leaver, B. L. (Eds.). (1997), *Content-based instruction in foreign language education: Models and methods.* Washington, D. C.: Georgetown University Press.

Swain, M.(1985), *Communicative competence: Some roles of comprehensible input and comprehensible output in its development.* In Input in second language acquisition, edited by S.M.Gass and C.G.Madden. New York: Newbury House.

Swain, M.(1993), *The output hypothesis: Just speaking and writing aren't enough.* The Canadian Modern Language Review 50: 158-164.

Swales, J.(1990), *Genre Analysis: English in Academic and Research Settings.* Cambridge: CUP.

Ur, P.(1989), *Discussions that work(9th ed.).* Cambridge University Press.

Widdowson, H. G.(1978), *Teaching Language as Communication.* London: Oxford University Press.

Wilkins, D. A.(1976), *National Syllabuses*, Oxford: Oxford University Press.

Williams, M., & Burden, R. L.(1997), *Psychology for language teachers: A social constructivist approach*. Cambridge: Cambridge University Press.

Willis, D., & Willis, J.(2007), *Doing Task-Based Teaching: Oxford Handbooks for Language Teachers*. Oxford University Press.

Zwier, J.(1999), *English for Everyday Activities - A Picture Process Dictionary*. Compass.

저자소개

김재욱

한국외국어대학교 국어국문학과 문학박사
한국외국어대학교 교육대학원 교수
국제한국어교육학회 총무이사(12대)

대표 논저
『외국인을 위한 한국전래동화 1~5』
『외국어로서의 한국어 교육학개론』(공저)
『언어교수이론과 한국어교육』(공저)
kjw@hufs.ac.kr

김지형

경희대학교 국어국문학과 문학박사
경희사이버대학교 한국어문화학과 교수
국제한국어교육학회 정보이사(12대)

대표 논저
『(한자 전래 이전 시기의) 한국어와 중국어와의 비교』
『한자로 배우는 한국어 I』(공저)
『우리말 알고 쓰기』(공저)
jmhw97@khcu.ac.kr

김현진

이화여자대학교 독어독문학과 문학박사
이화여자대학교 언어교육원 한국어교육부 전임강사
국제한국어교육학회 연구이사(12대)

대표 논저
『유학생을 위한 대학한국어2 말하기 · 듣기/읽기 · 쓰기』(공저)
『여성결혼이민자와 함께 하는 한국어 1』(공저)
『말이 트이는 한국어 I ~ V』(공저)
picnic22@ewha.ac.kr

박동호

University of Quebec at Montreal(UQAM) 언어학박사
경희대학교 한국어학과 교수
국제한국어교육학회 대외협력이사(12대)

대표 논저
『외국어로서의 한국어 교육학개론』(공저)
『외국어로서의 한국어학』(공저)
『외국인을 위한 한국어 문법 1, 2』(공저)
pakdh@khu.ac.kr

허용

University of London(SOAS) 언어학박사
한국외국어대학교 한국어교육과 교수
국제한국어교육학회 회장(12대)

대표 논저
『외국어로서의 한국어 교육학개론』(공저)
『외국어로서의 한국어발음교육론』(공저)
『외국인을 위한 한국어 문법 1, 2』(공저)
austyn@hufs.ac.kr

한국어 교수법

초판 1쇄 발행 / 2010년 5월 25일
초판 12쇄 발행 / 2026년 1월 30일

공저 김재욱 · 김지형 · 김현진 · 박동호 · 허용
발행처 형설출판사
경기도 파주시 회동길 37-23 · 전화 (031) 955-2361 ~ 4 · 팩시밀리 (031) 955-2341
발행인 장진혁
등록 라 - 제9호 · 1962년 5월 1일
홈페이지 http://www.hyungseul.co.kr
e-mail hs@hyungseul.co.kr

정가 18,000원

ISBN 978-89-472-4364-3 94370
978-89-472-4362-9 (세트)